Arbeitsvorlage

1. Wertetafel

Absatz-preise	P1	P2	P3	P4	P5	P6	P7
Gesamt-angebot							

2. Grafische Darstellung

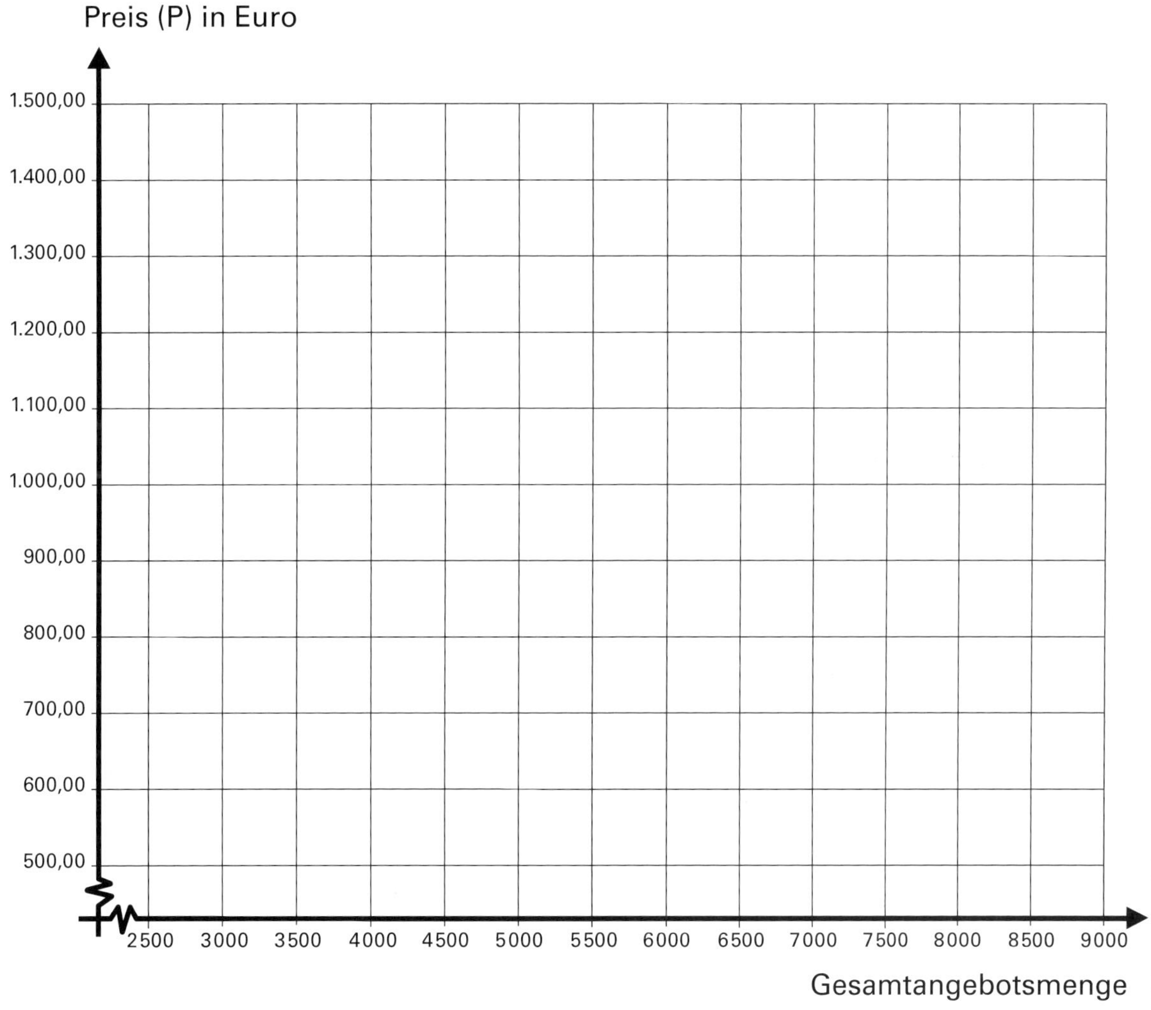

Preis (P) in Euro

1.500,00
1.400,00
1.300,00
1.200,00
1.100,00
1.000,00
900,00
800,00
700,00
600,00
500,00

2500 3000 3500 4000 4500 5000 5500 6000 6500 7000 7500 8000 8500 9000

Gesamtangebotsmenge

2.2 Wie verhalten sich die Nachfrager auf dem Markt?

Schlagzeilen aus der Tagespresse:

Autonachfrage unverändert stark – Hochbaunachfrage stieg steil an – Auslandsnachfrage nahm stärker zu – Verstärkte Nachfrage nach Verbrauchsgütern – Volkswagen: Ideenlos durch die Flaute – Weniger Nachfrage beim verarbeitenden Gewerbe – Boomender Export: Maschinenbau mit vollen Auftragsbüchern – Weniger Wagen: Experte erwartet sinkenden Autoabsatz

Ausgangs-situation

Drei Gruppen von Nachfragern (A: Jugendliche, Schüler, Studenten; B: Mitglieder; C: Nichtmitglieder) fragen nach Eintrittskarten für ein Europacupspiel eines Bundesligaclubs. Dabei orientieren sich die Fußballfreunde, so wird unterstellt, an den zu zahlenden Eintrittspreisen.

Bei alternativen Preisen für einen Sitzplatz, so haben Tests ergeben, ist mit folgenden Zuschauerzahlen zu rechnen:

Sitz-platzpreis €	Nachfragergruppe	A Stück	B Stück	C Stück
P1:	10,00	30 000	5 000	45 000
P2:	13,00	27 000	4 500	40 000
P3:	16,00	24 000	4 000	35 000
P4:	19,00	21 000	3 500	30 000
P5:	22,00	18 000	3 000	25 000
P6:	25,00	15 000	2 500	20 000

Arbeitsvorlage

1. Wertetafel

Alternative Preise	P1	P2	P3	P4	P5	P6
Gesamtnachfrage						

2. Grafische Darstellung

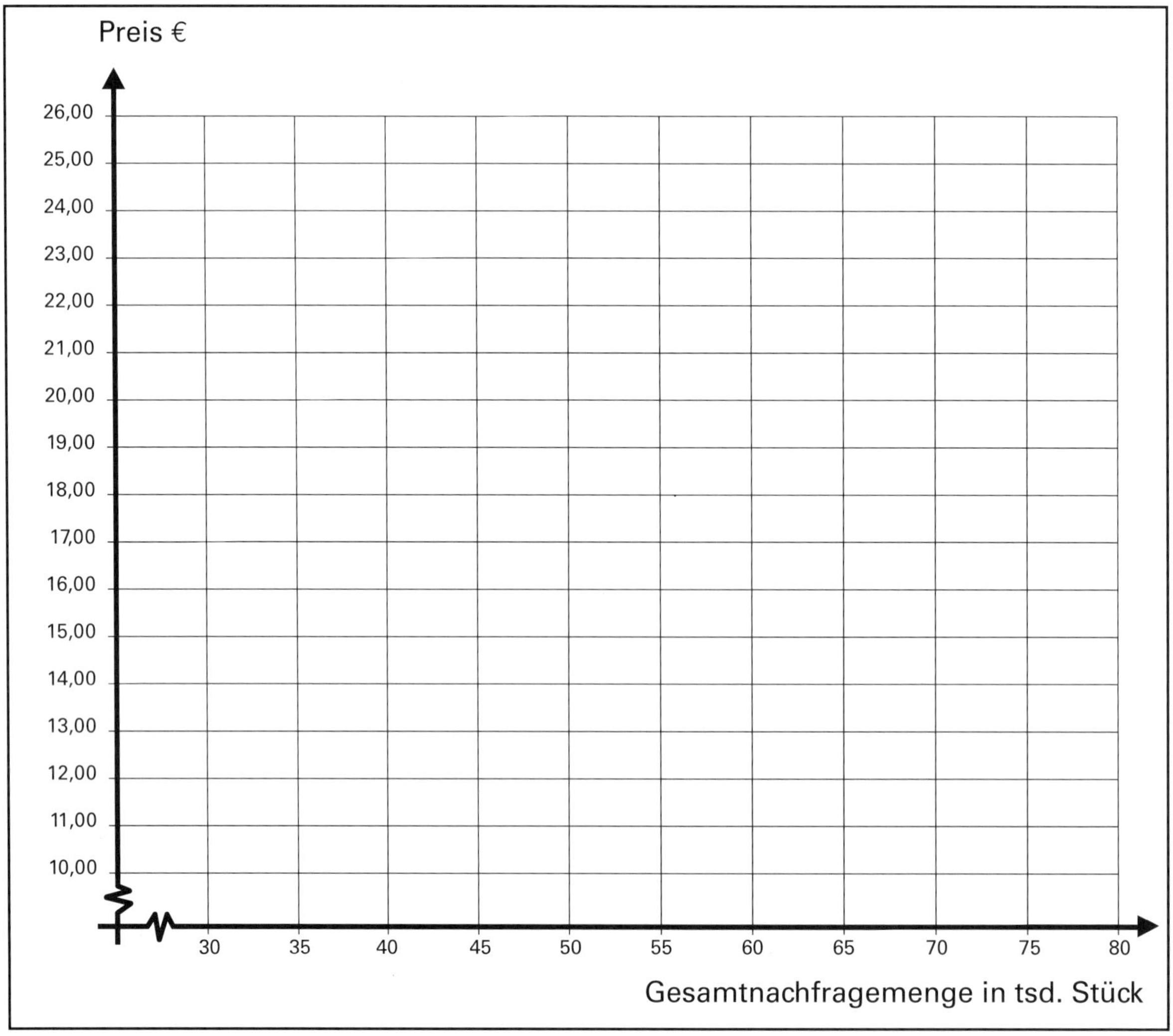

Preis €

26,00
25,00
24,00
23,00
22,00
21,00
20,00
19,00
18,00
17,00
16,00
15,00
14,00
13,00
12,00
11,00
10,00

30   35   40   45   50   55   60   65   70   75   80

Gesamtnachfragemenge in tsd. Stück

Arbeitsaufträge und Fragen zur Stofferschließung

1. **Ermitteln Sie** die bei den alternativen Eintrittspreisen **zu erwartenden Gesamtzuschauerzahlen**. [→ Wertetafel der **Arbeitsvorlage**]

2. **Zeichnen Sie** in das **Koordinatensystem** der **Arbeitsvorlage** die Abhängigkeit der Gesamtnachfragemenge vom Preis ein.

3. **Beantworten Sie** danach – in Einzel- oder Gruppenarbeit oder im Unterrichtsgespräch mit Ihrem Lehrer – folgende Erschließungsfragen:

a) **Zu welchen Preisen** würden die Fußballfans **am liebsten** die **Eintrittskarten erwerben**? Welche **Zielsetzung** verfolgen sie also?

b) **Welcher Beziehungszusammenhang** besteht zwischen **Eintrittspreis** und zu **erwartender Zuschauerzahl**?

c) **In welchem Verhältnis** (gerades/ungerades Verhältnis) steht **die zu erwartende Zuschauermenge** zum **Eintrittspreis**?

d) **Wie** kann der **Beziehungszusammenhang** zwischen **Nachfragemenge** und **Preis mathematisch formuliert** werden?

e) **Wie** kann der **typische (normale) Verlauf der Nachfragekurve** im Koordinatensystem **beschrieben** werden? Anders ausgedrückt: **Von wo nach wohin** verläuft die **Nachfragekurve**?

f) **Wie** lässt sich dieser **typische Verlauf der Nachfragekurve vom wirtschaftlichen Standpunkt** her **begründen**?

g) **Wie** entsteht die **Gesamtnachfragekurve** für ein **bestimmtes Gut** (= Marktnachfragekurve)?

h) **Was bringt** die **Marktnachfragekurve** für ein bestimmtes Gut **zum Ausdruck**?

4. **Suchen Sie** im Wirtschaftsteil einer Tageszeitung nach **Meldungen über die Nachfrageentwicklung** in einzelnen Wirtschaftszweigen. **Ergänzen Sie** auf diese Weise die vorstehend angeführte Sammlung von Schlagzeilen aus der Tagespresse.

2.3 Wie elastisch kann die Nachfrage sein?

 **Ausgangs-situation**

Beispiele

① **N benötigt, um überleben zu können, täglich eine Insulinspritze (= Zwangsbedarf).**

② **Der Rauschgiftsüchtige R benötigt täglich eine bestimmte Menge Heroin, um nicht an Entzugserscheinungen zu leiden (= dringlicher Bedarf).**

③ **Nachfrage nach Zweitwagen, Ferienwohnungen, Theaterkarten, Flugreisen (= Wahl- oder Luxusbedarf).**

④ **Nachfrage nach Gütern mit staatlich festgesetzten oder staatlich subventionierten Preisen, z. B. Notariats-, Verwaltungs-, Gerichts-, Fernsehgebühren, Butter, Schweinefleisch, Milch, Weizen, Roggen.**

⑤ **Nachfrage nach Gütern des extremen Prestigebedarfs: Je teurer ein Gut wird, desto mehr Interessenten findet es (z. B. Antiquitäten, alte Autos, Kunstgegenstände).**

Sachdarstellung

1. Begriffsbestimmung der Nachfrageelastizität

Für jeden Unternehmer, der **aktiv Preispolitik betreibt**, ist es **wichtig zu wissen, wie** die **Nachfrager auf Preisänderungen seines Produkts voraussichtlich reagieren werden**. Setzt er nämlich die **Preise zu hoch** an, muss er mit **Umsatzeinbußen** rechnen. **Im umgekehrten Falle** kann die **Nachfrage** so **stark ansteigen**, dass es zu **Lieferschwierigkeiten** kommt.

Gemessen werden die **Reaktionen der Nachfrager auf Preisänderungen** der Anbieter mithilfe der **Preiselastizität der Nachfrage**. Sie zu ermitteln ist eine der **wichtigsten Aufgaben der Marktforschung**. Der Preiselastizität der Nachfrage (kurz: Nachfrageelastizität) kommt somit **große praktische Bedeutung** zu. Sie wird als das **Verhältnis von prozentualer Mengenänderung zu prozentualer Preisänderung** definiert.

Preiselastizität der Nachfrage (= Nachfrageelastizität)	=	$\dfrac{\text{Änderung der Nachfragemenge in Prozent}}{\text{Änderung des Preises in Prozent}}$

Je nachdem welche Dringlichkeit bzw. Entbehrlichkeit die einzelnen Güter haben, welche Rangordnung sie also in der Skala der menschlichen Bedürfnisse einnehmen, **reagieren die Nachfrager auf Preisänderungen** der Anbieter **verschieden**. Die Preiselastizität der Nachfrage ist somit **je nach Art der nachgefragten Güter unterschiedlich**. So ist die **Nachfrage nach lebenswichtigen Gütern** (z. B. Brot, Kartoffeln) weitgehend **unelastisch**, da der Konsum solcher Güter nicht in demselben Maße eingeschränkt werden kann, wie das vom Preis her eventuell geboten wäre. **Weitgehend elastisch** ist hingegen die **Nachfrage nach Kulturgütern; noch elastischer** als diese ist diejenige nach **Luxusgütern**.

Wie die **Nachfragekurven grundsätzlich verlaufen können**, soll im Folgenden anhand der oben angeführten **fünf Beispiele** gezeigt werden.

2. Mögliche Ausprägungsformen der Nachfrageelastizität

Kurvenverlauf	Deutung des Kurvenverlaufs	Elastizität der Nachfrage
①	Egal, wie hoch der Preis ist, die nachgefragte Menge ändert sich nicht.	**vollkommen unelastische Nachfrage** **N-El.** $\rightarrow$ **0**
②	Die Preise steigen oder fallen prozentual stärker als die nachgefragte Menge.	**(sehr) unelastische Nachfrage** **N-El. < 1***

Kurvenverlauf	Deutung des Kurvenverlaufs	Elastizität der Nachfrage
③ (Graph mit P auf y-Achse, M auf x-Achse, Werte P_1, P_0, P_2 und m_1, m_0, m_2, fallende Gerade N)	Die Preise steigen oder fallen prozentual weniger stark als die nachgefragte Menge.	(sehr) elastische Nachfrage N-El. > 1*
④ (Graph mit P auf y-Achse, M auf x-Achse, Wert P_0, waagrechte Gerade N, m_1, m_0, m_2)	Egal, wie hoch die nachgefragte Menge ist, der Preis ändert sich nicht.	vollkommen elastische Nachfrage N-El. → ∞
⑤ (Graph mit P auf y-Achse, M auf x-Achse, Werte P_1, P_0, P_2 und m_1, m_0, m_2, steigende Gerade N)	Je höher der Preis, desto größer ist die Wertschätzung für das betreffende Gut, desto begehrlicher wird es für bestimmte Nachfrager („Snobeffekt").	anomale Nachfrage (inverse Reaktion) N-El. = A-El.

* Aus Vereinfachungsgründen bleiben die Vorzeichen unberücksichtigt.

Arbeitsaufträge und Fragen zur Stofferschließung

1. **Stellen Sie fest, welcher Beziehungszusammenhang** zwischen der **Dringlichkeit eines Bedürfnisses** und der **Höhe der Nachfrageelastizität** besteht.

2. **Nennen Sie drei weitere Beispiele** für **Güter mit einer unelastischen Nachfrage**.

3. **Klären Sie** den **Beziehungszusammenhang** zwischen dem **Steigungsmaß der Nachfragekurve** und der **Nachfrageelastizität**.

4. **Warum** können bei der **Berechnung der Nachfrageelastizität keine absoluten Zahlen** genommen werden, warum müssen **relative Zahlen** (Prozentzahlen) miteinander in Beziehung gesetzt werden?

5. Stellen Sie analog zu den Nachfrageelastizitäten die **möglichen Ausprägungsformen der Angebotselastizität** grafisch dar und beschreiben Sie diese.

    Gehen Sie hierbei nach folgendem **Schema** vor:

    a) Darstellung des **Kurvenverlaufs** (fünf Möglichkeiten);

    b) Bestimmung der **Angebotselastizitäten**;

    c) Deutung der **Angebotskurven**;

    d) Nennung von **Anwendungsbeispielen**.

2.4 Welche Faktoren wirken auf Angebot und Nachfrage ein?

Ausgangs-situation

Ein Beispiel aus der Wirtschaftspraxis

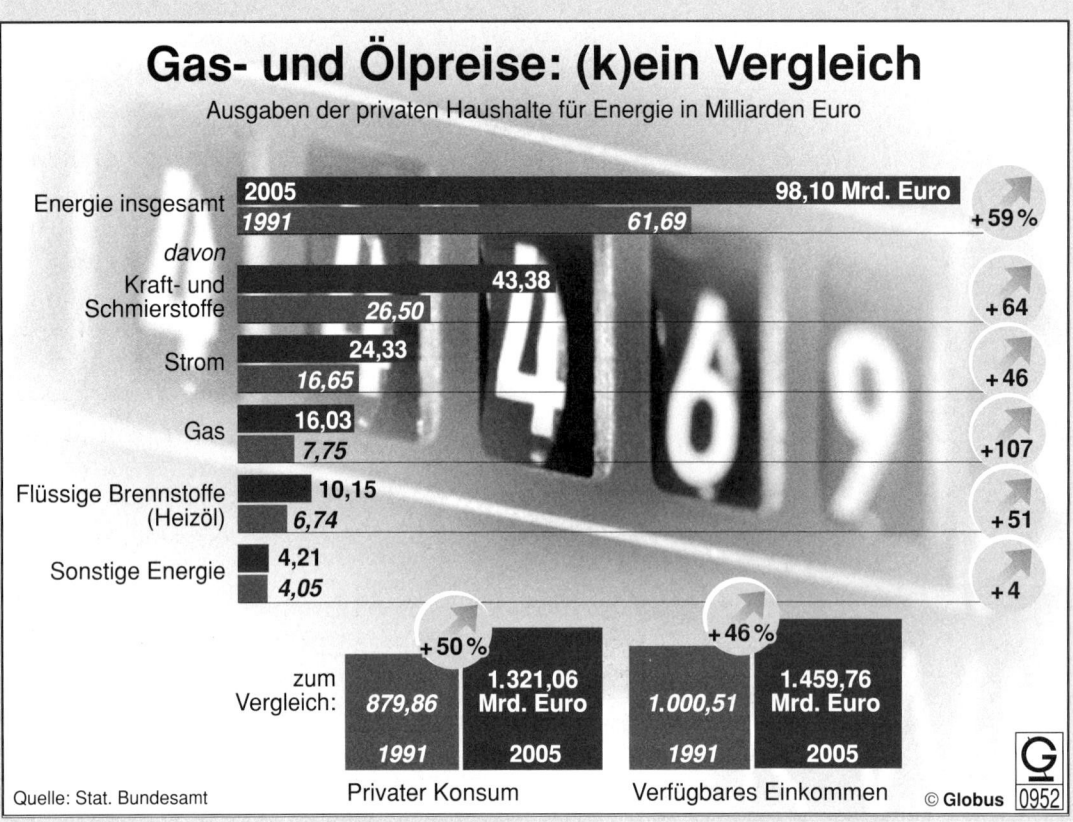

Gas- und Ölpreise: (k)ein Vergleich

Ausgaben der privaten Haushalte für Energie in Milliarden Euro

	2005	1991	
Energie insgesamt	98,10 Mrd. Euro	61,69	+59 %
davon Kraft- und Schmierstoffe	43,38	26,50	+64
Strom	24,33	16,65	+46
Gas	16,03	7,75	+107
Flüssige Brennstoffe (Heizöl)	10,15	6,74	+51
Sonstige Energie	4,21	4,05	+4

zum Vergleich:

Privater Konsum: +50 % — 1991: 879,86 / 2005: 1.321,06 Mrd. Euro

Verfügbares Einkommen: +46 % — 1991: 1.000,51 / 2005: 1.459,76 Mrd. Euro

Quelle: Stat. Bundesamt

© Globus 0952

Sachdarstellung

1. Der Preis als einer von mehreren Bestimmungsfaktoren von Angebot und Nachfrage

Bei den bisherigen Ausführungen zum Thema Angebot und Nachfrage wurde **stets unterstellt**, dass sich das **Verhalten der Marktteilnehmer ausschließlich am Preis orientiert**. Ob ein **Anbieter** auf einem Markt **große oder kleine Mengen** seiner Produkte **anbietet** oder ob ein **Nachfrager viel oder wenig nachfragt**, ist aber **nicht nur eine Frage des Preises**, sondern **hängt von zahlreichen anderen Faktoren (Gegebenheiten) ab**.

Der **Preis** ist zwar ein **wichtiger Bestimmungsfaktor von Angebot und Nachfrage**, jedoch ist er **nicht der einzige. Nur** in der **reinen Theorie** wird der **Preis als alleiniger Bestimmungsfaktor von Angebot und Nachfrage** angesehen, in der **Wirklichkeit** des Wirtschaftslebens wirken jedoch eine **Vielzahl von Faktoren** auf Angebot und Nachfrage ein. **Wie vielfältig die auf Angebot und Nachfrage einwirkenden Faktoren sind**, das soll – die keineswegs vollständige – Übersicht auf der folgenden Seite verdeutlichen.

2. Beziehungszusammenhänge

Beachten Sie, ...
- dass die Bestimmungsgründe für die Gesamtnachfrage (Marktnachfrage) nicht unbedingt identisch sein müssen mit den Bestimmungsgründen für die individuelle Nachfrage (Nachfrage nach dem Produkt eines einzelnen Herstellers). Beispielsweise kann trotz rückläufiger Gesamtnachfrage die Nachfrage nach einer bestimmten Automarke weiter steigen. Entsprechendes gilt für die Bestimmungsgründe von Gesamtangebot und individuellem Angebot.
- dass von einer Erhöhung (Verminderung) der Angebots- bzw. Nachfragemengen wiederum Rückwirkungen auf andere betriebliche Bereiche, z. B. auf die Beschaffungskonditionen, die Herstellungskosten, die Liquiditätslage, die Kapazitätsauslastung usw., zu erwarten sind.

3. Übersicht

Bestimmungsfaktoren für ...

das Angebot	die Nachfrage
● der auf dem betreffenden **Markt erzielbare Preis**	● der auf dem betreffenden Markt beim Erwerb eines Gutes **zu zahlende Preis**
● die **Kostensituation,** in der sich der jeweilige Anbieter befindet	● die **Höhe des Einkommens**, d. h. die zur Verfügung stehende **Kaufkraft**
● die **Finanzlage** im anbietenden Unternehmen, insbesondere die Liquiditätslage	● die **Dringlichkeit** des Bedarfs
● der Grad der **Kapazitätsauslastung** im Anbieterunternehmen	● das **Vorhandensein von Substitutionsgütern** (z. B. Heizöl und Gas)
● die Bereitschaft des Anbieters zur **Durchführung von Erweiterungs- bzw. Rationalisierungsinvestitionen**	● das **Vorhandensein von Komplementärgütern** (z. B. zugelassene Auto- und Benzinnachfrage)
● die **Konkurrenzverhältnisse** auf dem Absatzmarkt	● die jeweiligen **Verbrauchsgewohnheiten**
● die jeweiligen **Ernteergebnisse**	● die Leistungsfähigkeit der Anbieter: ihre **Konditionen**, ihre **Serviceleistungen**, ihre **Werbemaßnahmen**, die **Standortvorteile**, ihr Angebot an echten **Problemlösungen** usw.
● die jeweiligen **Witterungsverhältnisse**	● die jeweilige **Mode**
● die **Jahreszeit**	● die **technische Entwicklung**
● die zu erwartende **Konjunktur-, Arbeitsmarkt-, Steuer-, Wirtschaftspolitik des Staates**	● die **Qualität** der angebotenen Produkte
	● das **Image** des Herstellers, seine **Zuverlässigkeit**, seine **Tradition**
● die **Zukunftserwartungen** der Unternehmer	● der **Prestigezuwachs**, der mit dem Kauf eines Produkts verbunden ist

Arbeitsvorlage

Lfd. Nr.	Sachverhalt und Fragestellung	Bestimmungsfaktoren A/N[1]	Bezeichnung
1.	Auszug aus Wahlreden von Politikern: – „Wir werden durch Steuersenkung die **Konjunktur** ankurbeln!" – „Unsere Partei wird die bestehende **Massenarbeitslosigkeit** gezielt mit einem Arbeitsförderungsprogramm in Milliardenhöhe **bekämpfen!"** – „Die XY-Partei wird für eine **steuerliche Entlastung der Unternehmer** sorgen, um auf diese Weise deren internationale Wettbewerbsfähigkeit zu fördern!" – „Wir werden den **Mittelstand** und die **Kleinbetriebe** konsequent **fördern**. Die soziale Marktwirtschaft muss zu einer echten Wettbewerbswirtschaft umgestaltet werden!" Welche **Bestimmungsfaktoren des Angebots** sind hier angesprochen? **Vergleichen Sie** hierzu die oben stehende **Übersicht**!		
2.	Ein Rundfunkgerätehändler verkaufte 1970 über 1 000 Tonbandgeräte; im Jahre 2007 waren es nur noch 68. Mehr als ausgeglichen wurde diese Umsatzeinbuße durch eine beträchtliche Steigerung der Umsätze im Video- und DVD-Bereich. Was ist die **Ursache für die Umsatzsteigerung** in dem einen und **für den Umsatzrückgang** im anderen Bereich? **Was** hat sich bei den Verbrauchern **geändert?**		
3.	Der Hauseigentümer N stellt die Installation einer neuen Heizungsanlage zurück, weil er für die nächste Zukunft entscheidende Verbesserungen im Bereich der Solartechnik erwartet. **Was** ist der **Grund für den Aufschub** der Heizungsinstallation durch den Hauseigentümer?		
4.	Umfrage eines bekannten Wirtschaftsforschungsinstituts bei Unternehmern. Tendenz: insgesamt positive Einschätzung der gesamtwirtschaftlichen Entwicklung. Hieraus resultiert eine hohe Investitionsbereitschaft. **Worauf basiert die hohe Investitionsbereitschaft** der Unternehmer?		
5.	Ein neuer Roman von Siegfried Lenz kostet gebunden 29,00 €, als Taschenbuch 9,90 €. **Wodurch** wird der **Absatz** der **gebundenen** Romanausgabe bestimmt? Lösungshinweis: Die gebundene Ausgabe kann durch das Taschenbuch ersetzt (substituiert) werden.		
6.	Nach dem ICE-Unglück in Eschede im Jahre 1998, bei dem über 100 Todesopfer zu beklagen waren, mussten viele der Überlebenden mit Bluttransfusionen versorgt werden. Das Deutsche Rote Kreuz rief die Bevölkerung zu Blutspenden auf. **Welches Merkmal** kennzeichnet die **Nachfrage nach Blut?**		
7.	Zwei Unternehmer verkaufen dasselbe Produkt. Der Unternehmer A setzt jährlich 30000 Stück ab, sein Konkurrent hingegen nur 20000 Stück. **Was** könnten die **Ursachen** für die **unterschiedlichen Verkaufserfolge** der beiden Unternehmer sein?		
8.	Wegen eines extrem milden Winters sehen sich viele Textileinzelhändler im Laufe des Februar gezwungen die noch reichlich vorrätige Winterbekleidung zu herabgesetzten Preisen abzustoßen. Es bestände sonst die Gefahr, dass sie auf ihrer Ware „sitzen bleiben". **Welcher Faktor** hat die Textileinzelhändler zu dieser **absatzpolitischen Aktion veranlasst?**		

1 A = Bestimmungsfaktor des Angebots
  N = Bestimmungsfaktor der Nachfrage

Lfd. Nr.	Sachverhalt und Fragestellung	Bestimmungsfaktoren A/N[1]	Bezeichnung
9.	An Ostern steigt üblicherweise die Nachfrage nach Eiern an, vor dem Muttertag diejenige nach Blumen. **Was** ist die **Ursache** für solche **Nachfragesteigerungen**?		
10.	Überschwemmung des deutschen Textilmarktes mit Billigtextilien aus Hongkong und Taiwan. **Wodurch** wurde das **erhöhte Textilangebot** ermöglicht?		
11.	Preis für Mostobst vergangenes Jahr: 9,00 € je Zentner, dieses Jahr: 2,75 € je Zentner. **Was** ist der **Grund für den niedrigen Preis** in diesem Jahr?		
12.	Der Unternehmer S ersetzt eine zehn Jahre alte Papiermaschine durch eine neue, die in derselben Zeit doppelt so viel Papier herstellt. **Welche Ursache** hat die **Verdopplung** der auf den Markt „geworfenen" **Papiermengen**?		
13.	Der kaufmännisch Auszubildende Kurt W. verbringt einen zweiwöchigen Skiurlaub in der Schweiz. Kosten für Übernachtung und Frühstück einschließlich Skipass 800,00 Euro. Dem Urlauber stehen insgesamt nur 900,00 Euro zur Verfügung; er muss sich daher beim abendlichen Après-Ski öfter als ihm lieb ist etwas einschränken. **Wodurch** werden die abendlichen **Aktivitäten** des Kurt W. **begrenzt**?		
14.	Schlagzeile in der Tageszeitung: „Uneinigkeit bei den OPEC-Staaten. Heizölpreise sinken weiter!" Der Hauseigentümer H nutzt die günstige Preissituation aus und lässt – wie im Vorjahr – zwei 10 000-Liter-Tanks mit Heizöl füllen. **Warum** kauft H trotz des günstigen Heizölpreises nur **dieselbe Heizölmenge** wie im Vorjahr?		
15.	Feststellung des Statistischen Bundesamts in Wiesbaden: Im April 20.. steigt die Zahl der zugelassenen Kraftfahrzeuge gegenüber dem gleichen Monat des Vorjahrs um 10 %. Da in der Bundesrepublik Deutschland jedes Kraftfahrzeug versichert sein muss, stieg auch die Zahl der im April 20.. abgeschlossenen Autoversicherungen. **Wonach richtet sich** also die **Nachfrage nach Autoversicherungen**?		
16.	Zeitungsmeldung: „Steigende Lagervorräte bei Farbfernsehgeräten". **Was** könnte der **Grund** für den **Nachfragerückgang** bei diesem Produkt sein?		
17.	Frau N legt sich einen Yorkshireterrier zu, weil diese Hunde jetzt gerade „in" sind. **Welcher** Gesichtspunkt bestimmt die **Nachfrage** nach solchen Hunden?		
18.	Für die Produktionskosten der Brauerei Walter S. ist das Gesetz der Massenproduktion bestimmend: Je besser die Produktionsanlagen ausgelastet sind, desto geringer sind die Kosten pro Flasche Bier. Der Unternehmer S. ist daher bestrebt seine Produktionskapazitäten möglichst voll auszulasten und so viel Bier wie möglich auf dem Markt abzusetzen. **Welcher Bestimmungsfaktor** ist **maßgeblich** für die **angebotene Biermenge**?		
19.	Geringere Auswahl an Obst und Gemüse im Winter im Vergleich zum Sommer und Herbst. **Worauf** ist das **unterschiedliche Angebot** zurückzuführen?		

1 A = Bestimmungsfaktor des Angebots
   N = Bestimmungsfaktor der Nachfrage

Lfd. Nr.	Sachverhalt und Fragestellung	Bestimmungsfaktoren A/N[1]	Bezeichnung
20.	Der Drogerieinhaber Peter N. erhält von seinem Lieferanten einen Sonderposten Haarpflegemittel zu günstigen Bedingungen angeboten. Rechnungspreis: 1.800,00 €. Um das Angebot annehmen und Skonto ausnutzen zu können, müsste N. einen Bankkredit aufnehmen. **Welcher Faktor** ist für die **Sortimentsgestaltung** und damit für das Angebot des Drogerieinhabers in diesem Falle **ausschlaggebend**?		
21.	Auf dem Markt für Schokoladenartikel herrscht zwischen den führenden Herstellerfirmen starker Wettbewerb: Erkennbar wird das vor allem an der intensiven Werbung, an Preisunterbietungen und an schmalen Gewinnspannen. Die Produktionskapazitäten des Schokoladenherstellers H sind nur zu 70 % ausgelastet. **Was** steht einer **Vollauslastung des Produktionsapparates** und damit einer beträchtlichen **Erhöhung der Angebotsmenge entgegen**?		

1 A = Bestimmungsfaktor des Angebots
   N = Bestimmungsfaktor der Nachfrage

Arbeitsaufträge und Fragen zur Stofferschließung

1. **Erläutern Sie** den in der **Ausgangssituation** bezeichneten Beziehungszusammenhang zwischen der notwendigen Energie und den stark gestiegenen Verbraucherpreisen.

2. **Beschäftigen Sie sich** mit der **Sachdarstellung (Abschnitt 1 und 2)** und beantworten Sie danach die folgenden **Auswertungsfragen**.

   a) **Wie erklären Sie sich** die Tatsache, dass es in der reinen Theorie **nur einen** Bestimmungsfaktor für Angebot und Nachfrage gibt, nämlich den Preis, dass jedoch in der wirtschaftlichen Wirklichkeit eine **Vielzahl** solcher auf Angebot und Nachfrage einwirkenden Faktoren auszumachen sind?

   b) **Beschreiben Sie** den **möglichen Beziehungszusammenhang** zwischen individueller und Gesamtnachfrage (Marktnachfrage), möglichst mithilfe eines **Beispiels**.

3. **Bearbeiten Sie** die vorstehende **Arbeitsvorlage** in der Weise, dass Sie mithilfe der in der **Sachdarstellung** angeführten **Übersicht** (3.) die **Bezeichnung** für den jeweiligen Bestimmungsfaktor von Angebot und Nachfrage ermitteln. **Klassifizieren Sie** sodann den Bestimmungsfaktor danach, ob es sich um einen solchen des Angebots (Abkürzung A) oder der Nachfrage (Abkürzung N) handelt.

Aufgaben zur Lernzielkontrolle und Sicherung des Lernerfolgs

Von den **unten stehenden Aussagen** sind insgesamt **sieben falsch**. **Welche** Aussagen sind das? Bitte ankreuzen.

● **Themenbereich „Verhalten der Anbieter und Nachfrager auf dem Markt":**

[1] Auf Preiserhöhungen weiten die Anbieter im Allgemeinen ihr Angebot aus, die Nachfrager hingegen schränken die Nachfrage ein.

[2] Die Marktangebotskurve zeigt, wie groß das mengenmäßige Angebot für ein bestimmtes Gut bei unterschiedlichen Preisen ist.

[3] In der Preistheorie wird davon ausgegangen, dass sich Angebot und Nachfrage ausschließlich nach dem Preis richten.

[4] Die Anbieter bieten bei steigenden Preisen deshalb mehr Güter an, weil sie höhere Gewinne erwarten.

[5] Die typische (normale) Nachfragekurve verläuft im Koordinatensystem von links unten nach rechts oben.

[6] Die Wirtschaftstheorie unterstellt den Nachfragern, dass sie stets ihren Gesamtnutzen zu optimieren versuchen.

[7] Die Marktangebotskurve (= Gesamtangebotskurve) für ein bestimmtes Gut stellt die Summe der Angebotskurven der einzelnen Unternehmen dar.

[8] Die Untersuchung des Anbieterverhaltens hat gegenüber derjenigen des Nachfragerverhaltens die wesentlich größere praktische Bedeutung.

[9] Die Marktangebotskurve (= Gesamtangebotskurve) und die individuelle Angebotskurve eines bestimmten Unternehmens (X) entsprechen sich hinsichtlich ihres Verlaufs.

[10] Die Nachfragekurve wird auch als Preis-Absatz-Kurve bezeichnet.

[11] Die Nachfragemenge steht in einem ungeraden (umgekehrt proportionalen) Verhältnis zum Preis.

[12] Auf Preissenkungen fragen die Nachfrager im Allgemeinen größere Mengen nach, die Anbieter bieten geringere Mengen an.

[13] Angebotsmenge und Preis stehen in einem ungeraden (umgekehrt proportionalen) Verhältnis zueinander.

● **Themenbereich Angebots- und Nachfrageelastizität:**

[14] Die Elastizität der Nachfrage ist eine bestimmte Prozentzahl.

[15] Als Elastizität bezeichnet man das Verhältnis von relativer Mengenänderung zu relativer Preisänderung.

[16] Die Preiselastizität der Nachfrage ist je nach Art der nachgefragten Güter verschieden.

[17] Verändert sich die Menge prozentual in demselben Umfang wie der Preis, so ist die Elastizität gleich null.

[18] Je unelastischer die Preiselastizität der Nachfrage ist, desto steiler verläuft die Nachfragekurve.

[19] Ist die Elastizität größer als 1, so ist die relative Mengenänderung größer als die relative Preisänderung.

[20] Ist die Elastizität kleiner als 1, so ist die Mengenänderung in % größer als die Preisänderung in %.

Zusammenfassung wichtiger Lerninhalte

● *Kennzeichen der Angebotskurve:*
   – *Je höher der Marktpreis (P), desto größer ist die angebotene Gütermenge (M) und umgekehrt.*
   – *Die angebotene Menge steht in einem geraden (proportionalen) Verhältnis zum Preis.*
   – *Die typische (normale) Angebotskurve verläuft im Koordinatensystem von links unten nach rechts oben.*
   – *Bei steigenden Preisen nimmt die angebotene Menge deshalb zu, weil sich die Anbieter höhere Gewinne versprechen.*

● *Kennzeichen der Nachfragekurve:*
   – *Angebotene Menge und Preis stehen in einem ungeraden (umgekehrt proportionalen) Verhältnis zueinander.*
   – *Die typische (normale) Nachfragekurve verläuft im Koordinatensystem von links oben nach rechts unten.*
   – *Sie wird auch als Preis-Absatz-Funktion bezeichnet.*

● *Die Gesamtangebotskurve (Gesamtnachfragekurve) stellt die Summe der Angebotskurven (Nachfragekurven) der einzelnen Unternehmen (Nachfragegruppen), also die Summe aller individuellen Angebotskurven (Nachfragekurven), dar.*

● *Die Marktangebotskurve (Marktnachfragekurve) zeigt wie groß das (die) mengenmäßige Angebot (Nachfrage) für ein bestimmtes Gut bei unterschiedlichen Preisen auf einem bestimmten Markt ist.*

● *Zielsetzungen der Marktteilnehmer: Die Anbieter wollen ihren Gewinn, die Nachfrager ihren Nutzen maximieren.*

● *Die Preiselastizität der Nachfrage ist das Verhältnis von prozentualer Änderung der Nachfragemenge zu prozentualer Änderung des Preises.*

● *Die Nachfrage ist umso elastischer, je weniger dringlich die Befriedigung eines Bedürfnisses ist. In diesem Falle verläuft die Nachfragekurve ziemlich flach.*

● *Das Angebot ist elastisch, wenn die Preise prozentual weniger steigen als die angebotenen Mengen.*

● *Wichtigster Bestimmungsfaktor von Angebot und Nachfrage ist der Preis. Daneben gibt es noch weitere Bestimmungsfaktoren. Die Angebotsmenge wird z. B. beeinflusst durch die Kostensituation, den Kapazitätsauslastungsgrad, die Konkurrenzverhältnisse, die Zukunftserwartungen eines Unternehmers. Von Bedeutung für die nachgefragte Menge ist u. a. die Höhe des Einkommens, die Dringlichkeit des Bedarfs, das Vorhandensein von Substitutionsgütern, die Mode.*

3.1   Was versteht man unter einem vollkommenen Markt?

Ausgangs-situation

Schüleräußerungen über den Sinn von Modellkonstruktionen

<u>Günther:</u> „Immer diese langweilige Theorie! Ich kann dieses abstrakte und blutleere Gerede über Marktformen, Angebot, Nachfrage, Gleichgewichtspreise usw. bald nicht mehr hören! Warum bloß, so frage ich mich, stellt man die Wirtschaft nicht so dar, wie sie wirklich ist, in ihrer ganzen Buntheit, Lebendigkeit und Vielfältigkeit!"

<u>Karin:</u> „Interessanter wäre das auf jeden Fall. Aber wie soll man in einem so komplexen Gebilde wie der Wirtschaft Zusammenhänge und Gesetzmäßigkeiten erkennen, wenn man nicht vereinfacht, wenn man nicht Wesentliches vom Unwesentlichen trennt? Tut man das aber, dann entfernt man sich mehr oder weniger von der Wirklichkeit, man abstrahiert, baut Modelle auf – und schon ist man mitten drin in der Theorie!"

Sachdarstellung

1. Der Sinn von Modellkonstruktionen

- **Die Bilder von den Märkten in der wirtschaftlichen Wirklichkeit** sind **sehr vielfältig** und **verwirrend**. Es lassen sich daher **kaum allgemein gültige Aussagen** über die **Struktur dieser Märkte** und über die **dort ablaufenden Vorgänge**, insbesondere über den **Preisbildungsprozess**, machen. Um zu **gesetzmäßigen Aussagen über die Preisbildung** zu kommen und um die **Funktionsweise des Markt-Preis-Mechanismus** darstellen zu können, muss ein **vereinfachtes Bild eines Marktes** entworfen werden. Das geschieht mit dem **Modell des vollkommenen Marktes**. Soweit die Bedingungen eines solchen Marktes erfüllt sind, **funktioniert das Steuerungssystem der Marktwirtschaft optimal**. In der **wirtschaftlichen Wirklichkeit** sind jedoch diese Bedingungen in der Regel **nicht gegeben**.

- Durch ein Modell wird die **Wirklichkeit nachgestaltet**, jedoch werden bei seiner Konstruktion alle die **Einzelheiten weggelassen**, die für den Untersuchungsgegenstand, z. B. für die Preisbildung, nicht relevant sind. „Ein Modell ist zunächst ein tatsächlich existierender, künstlich geschaffener Gegenstand, der in vereinfachender Weise die wesentlichen Merkmale eines Ausschnitts der Realität wiedergibt. Das Modell eines Gebäudes ist ein Modell in diesem Sinne."[1] Modelle erfassen somit niemals die ganze Wirklichkeit, sondern immer nur einen Ausschnitt aus ihr. Außerdem werden die übrigen, nicht in die Betrachtung einbezogenen Einflussfaktoren als konstant angenommen (sog. Ceteris-paribus-Klausel). Aus diesen und anderen Gründen dürfen Modellaussagen nicht unmittelbar auf die Realität übertragen werden.

- **Marktmodelle** wie das des vollkommenen Marktes haben **dennoch einen Sinn**. Sie erfüllen **Orientierungsaufgaben**, da sich „die in der Wirklichkeit zu findenden Formen des Marktes ... als Abweichungen von diesem Grundmodell begreifen"[2] lassen. Man kann auch sagen, dass wir dieses Modell als „gedankliches Werkzeug" benötigen, „um andere, realitätsbezogene, aber komplexere ökonomische Modelle des Marktes zu analysieren".[3]

2. Der Aufbau des Modells

Für jedes Modell gelten eine **Reihe von Annahmen (Prämissen, Modellbedingungen)**. Das **Modell des vollkommenen Marktes** basiert auf **folgenden Prämissen:**

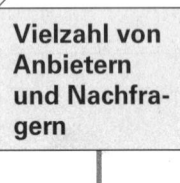

Vielzahl von Anbietern und Nachfragern

Es bestehen **atomistische Angebots- und Nachfragestrukturen**. Der einzelne Marktteilnehmer hat dann nur einen sehr **geringen Marktanteil**. Er hat deshalb keine Möglichkeit zur Beeinflussung des Marktpreises. Wegen seiner Machtlosigkeit muss er den **Marktpreis** (Gleichgewichtspreis) als **gegebene Größe (Datum)** akzeptieren. Man spricht in diesem Zusammenhang von der **Marktform der vollkommenen Konkurrenz** oder der des **vollständigen Wettbewerbs**. Die Anbieter fungieren hierbei als reine **Mengenanpasser**, d. h., sie variieren die Absatzmenge je nach Höhe des

---

1 E. Heinen, Einführung In die Betriebswirtschaftslehre, Wiesbaden 1970, S. 15
2 W. Frank, Volkswirtschaft – Lehre und Wirklichkeit, Darmstadt 1977, 55. Aufl. S. 84
3 H. Reip. Volkswirtschaftslehre in Problemen, Bad Homburg/Berlin/Zürich 1976, S. 89

Marktpreises. Im Gegensatz hierzu besteht für die Anbieter bei der Marktform des Oligopols (wenige Anbieter) und noch mehr bei der des Monopols (ein Anbieter) die Möglichkeit, aktiv Preispolitik zu betreiben.

Gleichartigkeit und Gleichwertigkeit (Homogenität) der Güter

Diese Bedingung ist gegeben, wenn **zwischen mehreren Einheiten eines Gutes** hinsichtlich Beschaffenheit, Qualität, Verpackung, Aussehen usw. **kein Unterschied** besteht. Es handelt sich stets um **vertretbare Güter** (Massenware); Speziesgüter hingegen erfüllen diese Voraussetzung nicht. Beispiele: Zigaretten einer bestimmten Marke, Bücher einer bestimmten Auflage, Baumwolle gleicher Stapellänge und Herkunft, Nägel, Spanplatten, Heizöl, Benzin.

Vollkomm. Marktübersicht (Markttransparenz)

Anbieter und Nachfrager sind **über alle Marktgegebenheiten** in vollem Umfang **informiert**, z. B. über Preise, Qualität, technische Produkteigenschaften, Lieferungs- und Zahlungsbedingungen, Angebots- und Nachfragemengen. Jeder Marktteilnehmer weiß also genau Bescheid, wo es was gibt und zu welchen Bedingungen es gehandelt wird.

Fehlen von unterschiedlichen Werteinschätzungen (Präferenzen)

Dem Käufer muss es **völlig gleichgültig** sein, von wem und wo er die benötigte Ware kauft; dem Verkäufer ist es völlig egal, an wen und wohin er seine Produkte verkauft.

Es lassen sich folgende **Arten von Präferenzen** unterscheiden:

- **sachliche Präferenzen**, z. B. bessere technische Ausstattung eines Produkts, Garantieleistungen des Herstellers, Serviceleistungen, besondere Eigenschaften des Produkts;
- **räumliche Präferenzen**, z. B. Standortvorteile, Parkmöglichkeiten, kürzere Anfahrtswege, geringere Transportkosten;
- **zeitliche Präferenzen**, z. B. modische Neuerungen, kürzere Lieferungs- und Zahlungsfristen, schnellere Ersatzteillieferung;
- **persönliche Präferenzen**, z. B. persönliche Bindungen an den Geschäftsinhaber (Schulfreund, Kegelbruder), die besondere Atmosphäre des Geschäfts, freundliche Bedienung.

Rein rationales Verhalten der Marktteilnehmer

Die Wirtschaftssubjekte handeln nach dem **erwerbswirtschaftlichen Prinzip**, d. h., die Unternehmer streben nach **Gewinnmaximierung**, die Verbraucher nach **Nutzenmaximierung**. Einem derartigen, ausschließlich nach dem Rationalprinzip handelnden Wirtschaftssubjekt (**„homo oeconomicus"**) ist das Handeln nach **irrationalen Gesichtspunkten** (z. B. nach Gefühlen, Stimmungen, persönlichen Bindungen, Prestigemomenten, Traditionsgesichtspunkten) völlig wesensfremd.

Unendlich große Reaktionsgeschwindigkeit

Die Marktteilnehmer reagieren auf Veränderungen der Marktdaten **ohne jede zeitliche Verzögerung** (Timelag). Beispiele: Einführung neuer Produktionstechniken (elektronische Steuerung) oder Nachfragesteigerungen bei Freizeitartikeln infolge gestiegener Einkommen und/oder geringerer Arbeitszeit.

Einhaltung der rechtlichen Rahmenbedingungen

Dazu gehören u. a. **Vertragsfreiheit**, Recht auf **Privateigentum, freie wirtschaftliche Betätigung**, das **Fehlen von Zugangsbeschränkungen** auf dem Markt, **Konsum- und Investitionsfreiheit**, das **Unterlassen von staatlichen Eingriffen** in das Marktgeschehen (z. B. in Bezug auf die Gestaltung der Preise oder Geschäftsbedingungen), die Verhinderung von **unlauterem Wettbewerb** oder von **Wettbewerbsbeschränkungen**.

3. Die Bedeutung der Modellaussagen

In der Realität gibt es vollkommene Märkte nur in ganz wenigen **Ausnahmefällen**. Beispiele für nahezu vollkommene Märkte sind die **Börse** (Wertpapier- oder Produktenbörse), Versteigerungen auf Großmärkten, örtliche Wochenmärkte, Märkte für Spezialwaren (z. B. medizinisch-technische Geräte). Fast alle Märkte der wirtschaftlichen Wirklichkeit sind **unvollkommene Märkte**, da **eine oder mehrere Modellprämissen nicht erfüllt** sind. Diese **Unvollkommenheitselemente** haben zur **Folge**, dass **ein und dieselbe Ware zu unterschied-**

lichen Preisen angeboten und auch verkauft wird. Umgekehrt muss sich bei Einhaltung der für den vollkommenen Markt genannten Bedingungen ein einheitlicher Preis, der sog. **Gleichgewichtspreis**, bilden. Ein Anbieter, der einen höheren Preis als seine Mitbewerber fordern würde, könnte keine einzige Einheit seines Produkts absetzen, da alle Nachfrager bei der Konkurrenz zu den niedrigeren Preisen kaufen würden **(Prinzip der Unterschieds-losigkeit der Preise)**.

Insbesondere die Diskussion über die Vor- und Nachteile des marktwirtschaftlichen Systems leidet darunter, dass **Modellerkenntnisse** vielfach völlig unkritisch auf die **Wirtschaftswirk-lichkeit übertragen** werden.

Arbeitsaufträge und Fragen zur Stofferschließung

1. | Welchen Zweck erfüllen **Modellkonstruktionen** in der Volkswirtschaftlehre?

2. | **Erklären Sie** nach genauem Durchlesen der Sachdarstellung (2.) Ihren Mitschülern, wie das **Modell des vollkommenen Marktes** aufgebaut ist.

3. | **Wie unterscheiden sich** die **Modellergebnisse** von der **wirtschaftlichen Wirklichkeit**?

Aufgaben zur Lernzielkontrolle und Sicherung des Lernerfolgs

Aufgaben mit Auswahlantworten (Stets 1 aus 5!)

[1] Welcher der unten angeführten Sachverhalte wirkt **nicht präferenzbildend**?

(a) Technische Unterschiede der Produkte (z. B. Schleudertourenzahl und Anzahl der Programme bei Waschmaschinen)

(b) Unterschiede in der Aufmachung und Ausstattung der Produkte (z. B. Design, Sonderausstattung)

(c) Unterschiedliche Lieferungs- und Zahlungsbedingungen

(d) Persönliche Bindungen (z. B. langjährige Geschäftsbeziehungen)

(e) Normung und Standardisierung der Produkte

[2] Was versteht man unter **heterogenen Gütern**?

(a) Höherwertige Güter

(b) Güter, die gegenseitig austauschbar sind

(c) Ungleichartige Güter

(d) Güter, die sich gegenseitig ergänzen

(e) Güter, die aus demselben Produktionsprozess hervorgegangen sind

[3] Was versteht man unter „**Markttransparenz**"?

(a) Die Unvollkommenheit der Märkte in der wirtschaftlichen Wirklichkeit

(b) Die Überschaubarkeit der Märkte

(c) Die Machtverhältnisse auf den einzelnen Märkten

(d) Die Wirkungen (Funktionen) des Preismechanismus

(e) Das tatsächliche Marktverhalten der Wettbewerbsteilnehmer

[4] Welches der folgenden Güter ist **nicht homogen**, sondern **heterogen**?

(a) Ein teures Rennpferd

(b) Zigaretten einer bestimmten Marke

(c) Benzin, das bestimmten DIN-Vorschriften entspricht

(d) Baumwolle einer bestimmten Stapellänge und eines bestimmten Herkunftslandes

(e) Weizenmehl einer bestimmten Type (z. B. 405)

[5] Bei welchem der unten angeführten Beispiele handelt es sich um **zeitliche Präferenzen**?

(a) Standortvorteile

(b) Freundliche und sachkundige Bedienung

(c) Gutes Aussehen (Design) des Produkts

(d) Kürzere Lieferungsfristen

(e) Gute technische Eigenschaften des Produkts

[6] Was gehört **nicht** zu den Voraussetzungen für einen vollkommenen Markt?

(a) Vorhandensein von unterschiedlichen Marktformen

(b) Rasche Anpassung der Betriebe an die Verhältnisse des Marktes

(c) Vollkommen gleichartige (homogene) Güter und das Fehlen jeglicher Präferenzen

(d) Völlig rationales Verhalten der Marktteilnehmer

(e) Vollkommene Überschaubarkeit von Angebot und Nachfrage

3.2 Wie bildet sich der Gleichgewichtspreis auf einem vollkommenen Markt?

Ausgangs-situation

An einer deutschen Wertpapierbörse liegen dem Makler folgende Kauf- und Verkaufsaufträge für METRO-AG-Aktien vor:

Verkaufsaufträge (= Angebot)		Kaufaufträge (= Nachfrage)	
Stückzahl	Mindestkurs	Stückzahl	Höchstkurs
150	117	110	117
110	118	90	118
80	119	75	119
70	120	65	120
50	121	50	121
40	122	150	122
500	–	540	–

Der Makler legt den Kurs so fest, dass der höchste Umsatz erzielt wird, weil davon seine Maklergebühr abhängig ist.

Sachdarstellung

Die Funktionsweise des Markt-Preis-Mechanismus

a) Vom Marktungleichgewicht zum Gleichgewichtspreis

Ist das Angebot größer als die Nachfrage ($M_A > M_N$), besteht also ein **Angebotsüberhang** bzw. eine **Nachfragelücke**, so werden die **Preise so lange sinken, bis Angebot und Nachfrage identisch** sind. Ist hingegen das **Angebot kleiner als die Nachfrage** ($M_A < M_N$), besteht also eine **Angebotslücke** bzw. ein **Nachfrageüberhang**, so werden die **Nachfrager** die **Preise in die Höhe treiben**, und zwar so lange, bis Angebot und Nachfrage miteinander übereinstimmen.

Hieraus wird deutlich, dass *Marktungleichgewichte* (Angebot > oder < Nachfrage) **Preisänderungen bewirken. Andererseits** wirken sich **geänderte Preise** wiederum **auf Angebot und Nachfrage aus. Steigende Preise** veranlassen bekanntlich die Produzenten **mehr zu produzieren**; fallende Preise hingegen **mindern** die **Gewinnaussichten** der Unternehmer. Deshalb werden **bei sinkenden Preisen** die **Investitionen vermindert**, das **Angebot sinkt**.

Angebot, Nachfrage und Preis wirken also wechselseitig aufeinander ein. Durch das **Zusammenspiel dieser drei Größen** wird das **Marktgleichgewicht** herbeigeführt. Man bezeichnet diesen **Prozess der wechselseitigen Beeinflussung** als *Markt-Preis-Mechanismus*. Er ist das **Herzstück jeder Marktwirtschaft**.

b) Wirkungen des Markt-Preis-Mechanismus

Kann ein Unternehmen **mit dem jeweiligen Marktpreis langfristig** seine **Produktionskosten nicht decken**, so muss es seine **Produktion einstellen**. Einen **Gewinn** kann der Unternehmer also nur dann erzielen, wenn seine **Selbstkosten unter** dem jeweiligen **Marktpreis** liegen.

Würde ein Unternehmen einen **Preis verlangen**, der **über dem Marktpreis liegt**, so würde es **alle seine Kunden an die Konkurrenz verlieren**. Unter der Voraussetzung vollständiger Markttransparenz, unendlich schneller Reaktionsgeschwindigkeit und rationalen Kaufverhaltens kaufen die Nachfrager in diesem Falle allesamt **bei günstiger anbietenden Konkurrenten**.

Ergäbe sich auf einem Markt ein Preis, der die **Erzielung überdurchschnittlicher Gewinne** ermöglichen würde, so würden die bereits auf dem Markt befindlichen Unternehmen sofort ihr **Angebot vergrößern**. Da auf dem **vollkommenen Markt keinerlei Zugangsbeschränkungen** bestehen, würde dieser Prozess durch **neu hinzukommende Unternehmen** noch **verstärkt** werden.

c) Funktionsbedingungen des Markt-Preis-Mechanismus

Am besten funktioniert dieser Mechanismus, wenn die *Marktform der vollständigen Konkurrenz* und die **Bedingungen** des **vollkommenen Marktes** gegeben sind. Dann ist der **Marktanteil der einzelnen Unternehmen so gering**, dass sie den auf dem Markt sich bildenden **Gleichgewichtspreis nicht beeinflussen** können. Sie müssen also **den Preis als Datum**,

d. h. als **unabänderliche Größe, hinnehmen**. Absatzpolitik kann ein solches Unternehmen nur insoweit treiben, als es die **Angebotsmenge** an die Gegebenheiten des Marktes, insbesondere den Marktpreis, **anpasst** (sog. *Mengenanpasser*).

Je geringer die Zahl der Marktteilnehmer auf beiden Marktseiten ist und je weniger die Bedingungen des vollkommenen Marktes vorherrschen, desto eher ist es einem Unternehmen möglich, **monopolistische Marktpositionen** aufzubauen und auf diese Weise den **Markt-Preis-Mechanismus auszuschalten**.

Arbeitsvorlage

Wie bildet sich der Preis auf einem vollkommenen Markt?

1. Wertetafel

Kurs	Angebot insgesamt	Nachfrage insgesamt	Umsatz in Stück	Nachfrage-überschuss	Angebots-überschuss
117					
118					
119					
120					
121					
122					

2. Grafische Darstellung

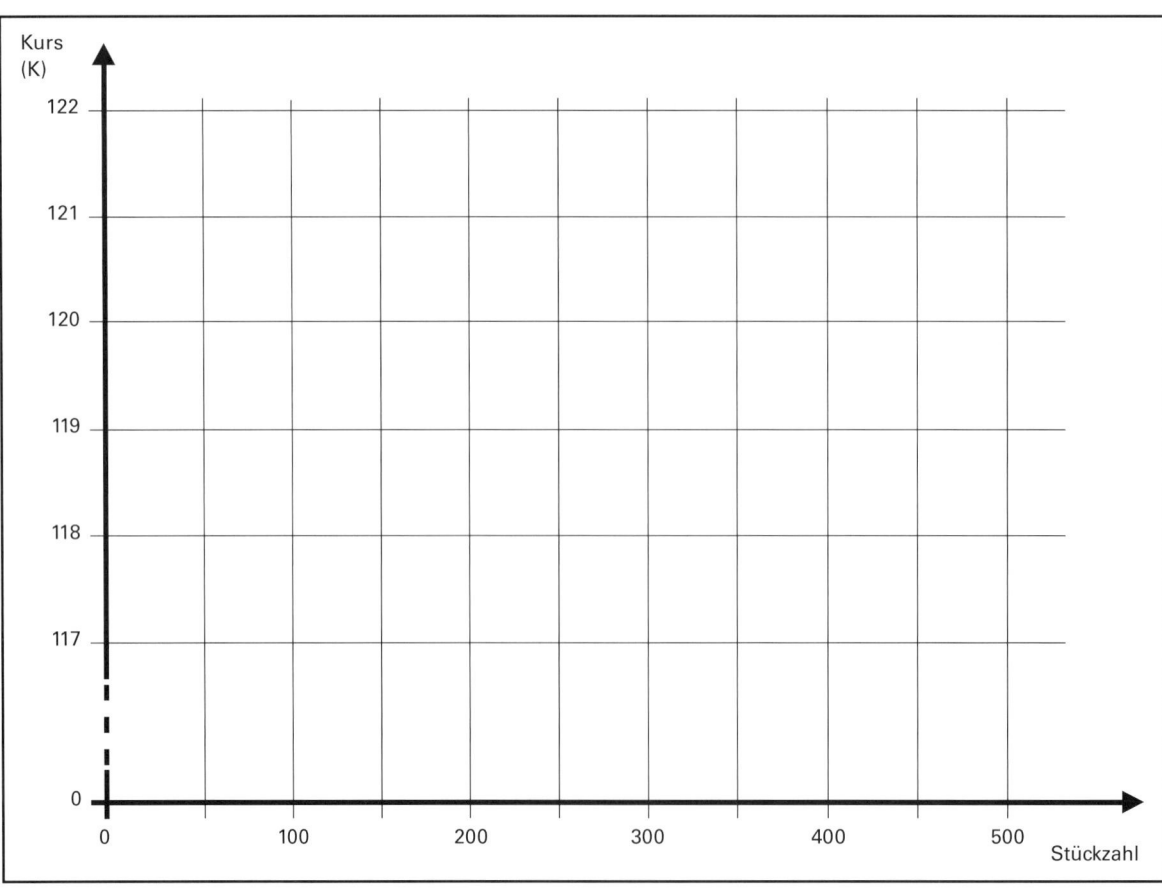

Arbeitsaufträge und Fragen zur Stofferschließung

1. **Ergänzen Sie** die **Tabelle** auf der vorstehenden Seite. (→ **Arbeitsvorlage**)

2. **Veranschaulichen Sie** die Tabellenwerte **grafisch**. Kennzeichnen Sie hierbei folgende Größen: Gleichgewichtskurs, Gleichgewichtsmenge, Angebotslücke/Nachfrageüberhang, Nachfragelücke/ Angebotsüberhang.

3. **Beantworten Sie danach folgende Fragen:**

   a) Welche **drei Merkmale** kennzeichnen den **Gleichgewichtskurs? Lösungshinweise:** Verhältnis von Angebot und Nachfrage, Umsatzentwicklung.

   b) Was lässt sich über die **Umsatzentwicklung bei steigenden Kursen** sagen?

   c) Was versteht man unter einer **Angebotslücke** bzw. unter einem **Nachfrageüberhang**?

   d) Wie kommt es aus der in c) beschriebenen Situation heraus zum **Marktgleichgewicht**?

   e) Was versteht man unter einem **Angebotsüberhang** bzw. unter einer **Nachfragelücke**?

   f) Wie kommt es aus der in e) beschriebenen Situation heraus zum **Marktgleichgewicht**?

   g) Was haben Markt**un**gleichgewichte mit Begriffen wie **Käufer-** oder **Verkäufermarkt** zu tun?

4. **Lesen Sie** den vorstehenden **Text mehrmals aufmerksam durch (Sachdarstellung).** Falls Ihnen eine **Aussage nicht klar** ist, **stellen Sie Fragen** an Ihren **Lehrer**. Beantworten Sie danach die folgenden **Erschließungsfragen:**

   a) **Wie verhalten sich** die **Preise** bei einem **Angebotsüberschuss** bzw. bei einer **Nachfragelücke**?

   b) Welche **Angebots- bzw. Nachfrageverhältnisse** sind **typisch** für **steigende Preise**?

   c) **Was** versteht man unter einem **Marktungleichgewicht**?

   d) **Welche Wirkung** geht von **Marktungleichgewichten** aus?

   e) **Welche Wirkung** haben **sinkende Preise** auf das **Angebot**?

   f) **Welche drei Größen** wirken **wechselseitig** aufeinander ein, wenn man vom **Markt-Preis-Mechanismus** spricht?

   g) **Unter welchen Bedingungen funktioniert** der **Markt-Preis-Mechanismus** am besten?

   h) **Was** würde **geschehen**, wenn ein Unternehmer auf einem **vollkommenen Markt** einen **höheren als den Gleichgewichtspreis** von seinen Kunden **verlangen** würde?

   i) **Welche Wirkung** geht von **Märkten** aus, auf denen **überdurchschnittliche Gewinne erzielt** werden können?

5. **Wie verhalten sich** bei der Preisbildung **Modellaussagen** und **wirtschaftliche Wirklichkeit** zueinander?

Aufgabe zur Lernzielkontrolle und Sicherung des Lernerfolgs

Auf dem Wochenmarkt einer hessischen Kreisstadt werden Eier der Handelsklasse A gehandelt. Je nachdem, wie hoch der Stückpreis ist, werden folgende Mengen Eier angeboten, nachgefragt und umgesetzt:

Preis pro Stück in Euro	Angebots-menge in Stück (A)	Nachfrage-menge in Stück (N)	Marktlage	Verkaufte Menge (Ab-satz) in Stück	Angebots-überschuss (Stück)	Nachfrage-überschuss (Stück)
1	2	3	4	5	6	7
0,13	1000	6400	A < N			
0,14	2000	5600				
0,15	3000	4800				
0,16	4000	4000				
0,17	5000	3200				
0,18	6000	2400				
0,19	7000	1600				
0,20	8000	800				

a) **Ergänzen Sie** die vorstehende Tabelle und **stellen Sie** das obige Zahlenmaterial **grafisch** dar. **Verwenden Sie** hierzu die folgende **Arbeitsvorlage**.

b) **Bestimmen Sie** den **Gleichgewichtspreis** und die **Gleichgewichtsmenge**.

c) **Erläutern Sie** die **Marktsituation** bei einem Eierpreis (1) von 0,19 Euro, (2) von 0,14 Euro.

 ## Arbeitsvorlage

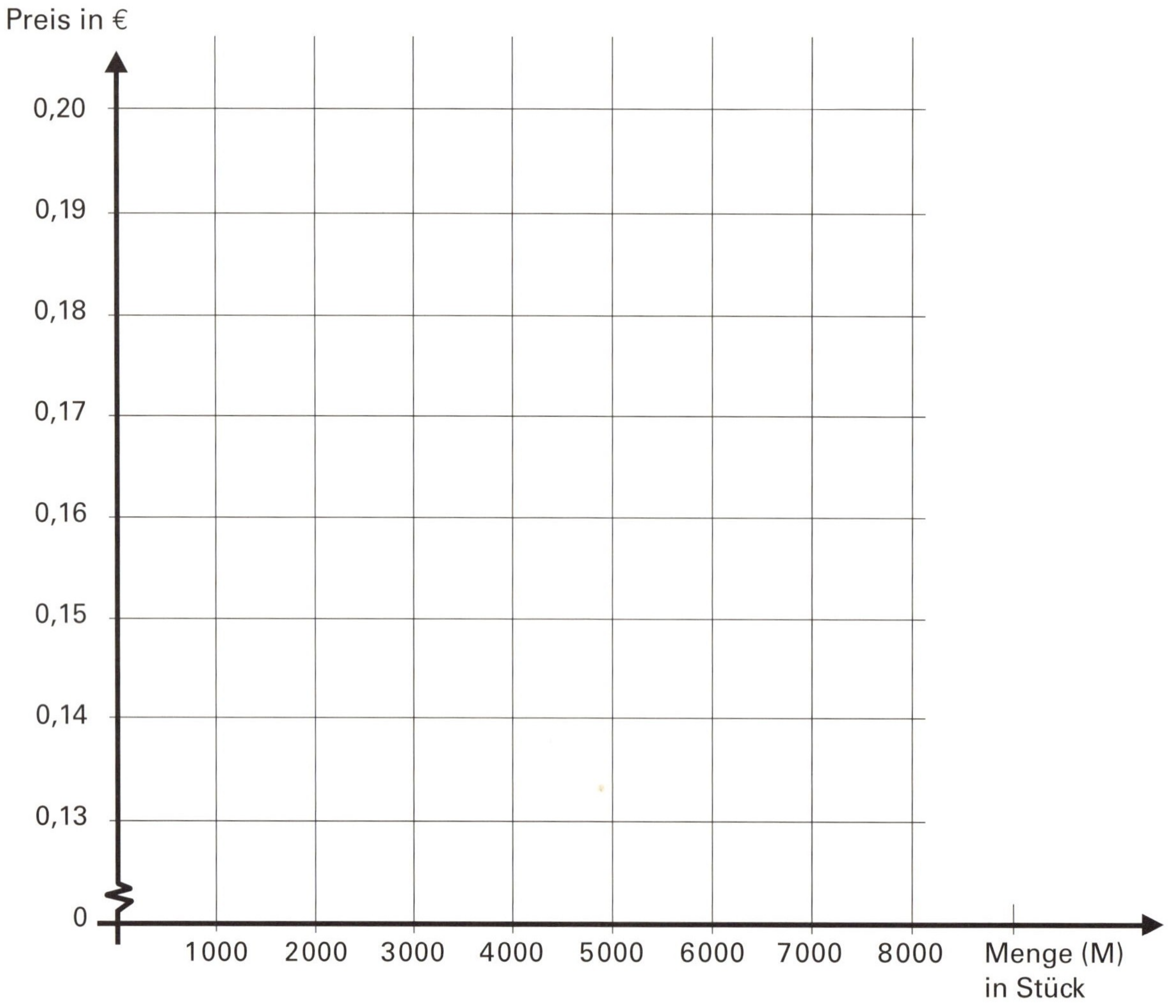

Preis in €

0,20

0,19

0,18

0,17

0,16

0,15

0,14

0,13

0

1000 2000 3000 4000 5000 6000 7000 8000   Menge (M) in Stück

3.3 Nach welchen Gesetzmäßigkeiten erfolgt die Preisbildung auf dem Markt?

Ausgangs-situation

Marktsituation 1: Ein Marktforschungsinstitut stellt fest, dass in Deutschland in der Zeit um Ostern die Nachfrage nach frischen Eiern um etwa 25 % höher liegt als im Jahresdurchschnitt.

Welche Auswirkungen müsste diese Nachfragesteigerung auf den Eierpreis haben, wenn man von einem funktionierenden Markt-Preis-Mechanismus ausgeht und wenn man außerdem annimmt, dass auf dem Markt nicht mehr Eier als sonst üblich angeboten werden, dass also insbesondere keine zusätzlichen Eierimporte aus dem Ausland erfolgen?

Marktsituation 2: Hinsichtlich der Versorgung mit DVD-Geräten ist im laufenden Geschäftsjahr die erwartete Marktsättigung eingetreten. Die Produktionskapazitäten der führenden DVD-Gerätehersteller sind nur zu 70 % ausgelastet, ihre Lagervorräte steigen. Produzenten und Händler rechnen auf dem Inlandsmarkt mit einem Absatzrückgang von etwa 20 %.

Marktsituation 3: Wegen günstiger Wachstumsbedingungen konnten im Jahr 20.. fast doppelt so viele Äpfel geerntet werden wie im Jahr zuvor (Obstschwemme).

Marktsituation 4: In den Stuttgarter Markthallen ist im Januar das Angebot an Frischgemüse gegenüber dem des Vormonats um rund 20 % zurückgegangen.

Sachdarstellung

Marktsituation 1:

Situationsanalyse:

❶ **Gegebene Marktbedingungen:**
steigende Nachfrage ($N_0 \rightarrow N_1$), konstantes Angebot (A).

❷ **Ausgleich von Angebot und Nachfrage** durch **steigende Preise**.

❸ **PREISGESETZ Nr. 1:**
Bei gleich bleibendem Angebot führt steigende Nachfrage zu steigenden Preisen. Der Preis steigt von P_0 auf P_1.
Die **Gleichgewichtsmenge** steigt unter den gegebenen Voraussetzungen von M_0 auf M_1.

❹ Merke:

Grafisch stellt sich eine Nachfragesteigerung als eine **Parallelverschiebung der ursprünglichen Nachfragekurve (N_0) nach rechts dar (N_1).**

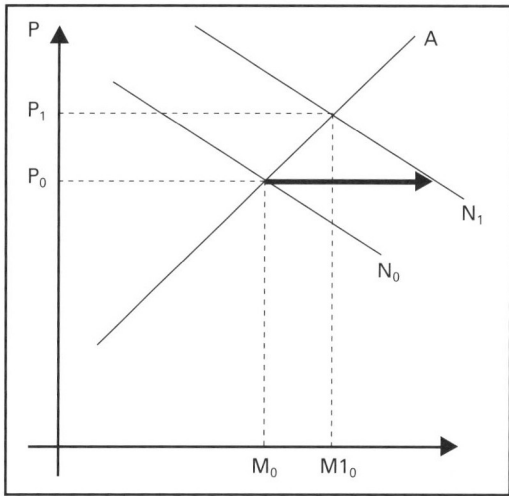

Arbeitsauftrag

Bearbeiten Sie nach dem **Muster der Marktsituation1** die **folgenden Marktkonstellationen 2 bis 4** [→ **Arbeitsvorlage**]. **Zeichnen Sie** hierbei jeweils den **Pfeil** (↩) ein, der die Richtung der Kurvenverschiebung angibt.

Arbeitsvorlage

Nach welchen Gesetzmäßigkeiten verläuft die Preisbildung auf dem Markt?

Marktsituation 2: Situationsanalyse

❶ Gegebene Marktbedingungen:
_____ Nachfrage, _____ Angebot

❷ Ausgleich von Angebot und Nachfrage durch
_____ Preise (_____ < _____).

❸ PREISGESETZ Nr. 2:

> Bei _____ Angebot
> führt _____ Nachfrage
> zu _____ Preisen.

❹ **Merke:** Grafisch stellt sich ein Nachfrage_____-
_____ als eine Parallelverschiebung der ursprünglichen Nachfragekurve (N_0) nach _____ dar (N_1).

Marktsituation 3: Situationsanalyse

❶ Gegebene Marktbedingungen:
_____ Nachfrage, _____ Angebot

❷ Ausgleich von Angebot und Nachfrage durch
_____ Preise (_____ < _____).

❸ PREISGESETZ Nr. 3:

> Bei _____ Nachfrage
> führt ein _____ Angebot
> zu _____ Preisen.

❹ **Merke:** Grafisch stellt sich eine Angebots_____-
_____ als Parallelverschiebung der ursprünglichen Angebotskurve (A_0) nach _____ dar (A_1).

Marktsituation 4: Situationsanalyse

❶ Gegebene Marktbedingungen:
_____ Nachfrage, _____ Angebot

❷ Ausgleich von Angebot und Nachfrage durch
_____ Preise (_____ > _____).

❸ PREISGESETZ Nr. 3:

> Bei _____ Nachfrage
> führt ein _____ Angebot
> zu _____ Preisen.

❹ **Merke:** Grafisch stellt sich ein Angebots_____-
_____ als Parallelverschiebung der ursprünglichen Angebotskurve (A_0) nach _____ dar (A_1).

3.4 Welche Funktionen erfüllt der Preis im System der Marktwirtschaft?

Ausgangs-situation

Auszug aus einer Rede zum 50-jährigen Bestehen der sozialen Marktwirtschaft im Jahre 1998:

„Für das System der Marktwirtschaft dürfte das Funktionieren des Preismechanismus von ähnlich großer Bedeutung sein wie der Herzschlag für das Leben der Menschen. Ohne ein funktionierendes Preissystem ist die Marktwirtschaft nicht lebensfähig. Das verdeutlicht die zentrale Stellung des Preises im System der Marktwirtschaft.

Der Preis lenkt direkt oder indirekt das gesamte Wirtschaftsgeschehen. Von der Preisentwicklung hängt es ab, welche Güter in welchem Umfang und zu welchem Zeitpunkt produziert werden und wer welche Güter in welchem Umfang verbrauchen kann. Sogar Einkommen und Lebensstandard des Einzelnen werden durch Preise reguliert."

Sachdarstellung

Die einzelnen Preisfunktionen

	Bezeichnung	Kurze Beschreibung der einzelnen Funktionen
1	MESSFUNKTION des Preises	Um **Güter austauschen** zu können, müssen sie **bewertet** und **vergleichbar** gemacht werden. **Bewertungsmaßstab** ist das **Geld. Der Preis** ist der **in Geld ausgedrückte Wert eines Gutes**, sein Tauschwert. **Beispiel:** Eine Briefmarkenserie erzielt bei einer Versteigerung einen Preis von 5.800,00 €.
2	AUSGLEICHS-, KOORDINA-TIONS- oder GLEICHGE-WICHTSFUNK-TION des Preises	**Preise ermöglichen es,** die **unterschiedlichen Einzelpläne der Wirtschaftssubjekte (z. B. der Anbieter und Nachfrager) aufeinander abzustimmen** und ein **Marktgleichgewicht herbeizuführen. Beispiel:** A möchte 30 VW-Aktien zu einem möglichst niedrigen Kurs kaufen, B will 50 Siemens-Aktien zu einem möglichst hohen Kurs verkaufen.
3	INFORMATIONS- oder SIGNAL-FUNKTION des Preises	**Steigende Preise** zeigen den Unternehmen an, wo noch **dringlicher Bedarf** vorhanden ist, wo also Gewinne gemacht werden können. Umgekehrt informieren **sinkende Preise** die Unternehmer darüber, dass die **Nachfrage** nach einem Gut **rückläufig** ist, weil beispielsweise Sättigung eingetreten ist oder weil sich die Verbrauchsgewohnheiten geändert haben.
4	KNAPPHEITS-FUNKTION des Preises	**Der Preis eines Gutes** ist **Ausdruck seiner Knappheit.** Güter, die (noch) **nicht knapp** sind, also **freie Güter** wie z. B. Luft, Meerwasser, Steine im Gebirge, **haben keinen Preis.** Je knapper ein Gut ist (z. B. Edelmetall wie Gold, Silber), desto höher ist sein Preis.
5	ANREIZ- oder ERZIEHUNGS-FUNKTION des Preises	**Durch Preise** werden **Wirtschaftssubjekte dazu angereizt (erzogen), knappe Güter durch weniger knappe zu ersetzen (zu substituieren)** und die Produktionsfaktoren sinnvoll einzusetzen. **Beispiele:** Substitution der teuren Arbeitskraft durch Kapital (Einsatz von Maschinen), Durchführung von Arbeitsablauf- und Arbeitszeitstudien, um die Vergeudung von wertvoller Arbeitszeit zu verhindern.
6	VERTEILUNGS-FUNKTION des Preises	**Preise** bestimmen den **Anteil des Einzelnen am gemeinsam erwirtschafteten Ertrag, am Bruttoinlandsprodukt.** Sie sind somit **bestimmend für den Lebensstandard** der einzelnen Wirtschaftssubjekte. **Beispiele:** Lohn für geleistete Arbeit, Zinsen als Einkommen für zur Verfügung gestelltes Kapital, Mieten oder Pacht für bereitgestellte Grundstücke.

Bezeichnung		Kurze Beschreibung der einzelnen Funktionen
7	ALLOKATIONS- oder LENKUNGS- FUNKTION des Preises	**Preise lenken** die **Produktionsfaktoren** in **die** Wirtschaftsbereiche, wo sie **am dringendsten benötigt** werden. **Beispiel:** Abwerbung von Arbeitskräften durch Unternehmen während des sog. Superbooms zu Beginn der Siebzigerjahre durch Zahlung höherer Löhne.
8	AUSLESEFUNK- TION des Preises	Preise bewirken, dass **Anbieter,** die **langfristig** mit ihren Herstellungskosten **über den jeweiligen Gleichgewichtspreisen (Marktpreisen) liegen, aus dem Markt ausscheiden** müssen. **Beispiel:** Insolvenzwelle zu Beginn der Achtzigerjahre; Hauptursachen: zu geringes Eigenkapital und als Folge davon zu starke Liquiditätsbelastung vor allem junger Unternehmen durch Zins und Tilgung

Arbeitsvorlage: Beispielsammlung

1	Frau K hat von einer Tante ein Diamantkollier geerbt. Sie lässt den Wert dieses Schmuckstücks von einem Fachmann schätzen.
2	Frau N beklagt sich bei ihrem Ehemann, dass sie bei den hohen Einkaufspreisen mit ihrem Haushaltsgeld nicht mehr auskomme. Sie müsse sich „die Hacken ablatschen" und alle möglichen Sonderangebote ausnutzen, um einigermaßen „über die Runden" zu kommen.
3	Auf dem Wochenmarkt muss ein Händler die Preise für Erdbeeren zwei Stunden vor Marktschluss um 30 % zurücknehmen, weil sonst die Gefahr besteht, dass die angebotene Ware keine Abnehmer findet.
4	Als sich während der Ölkrise im Jahre 1974 die Benzinpreise auf 1,50 DM je Liter zubewegten, waren viele Autofahrer bestrebt im unteren und mittleren Tempobereich zu fahren, um dadurch Benzin zu sparen.
5	Weil er jahrelang mit veralteten Produktionsanlagen gearbeitet hatte, konnte der Unternehmer S mit den Absatzpreisen seiner Mitbewerber nicht mehr mithalten. Nachdem er seinen Zahlungsverpflichtungen nicht mehr nachkommen konnte, musste er ein Insolvenzverfahren einleiten.
6	P, der bisher in der Textilbranche gearbeitet hatte, wechselt in die Metallbranche über; sein Stundenlohn ist dort um rund 20 % höher.
7	Die Preise für Weintrauben liegen im Oktober bei 1,40 € je Kilo, im Januar bei 2,60 €.
8	Der Makler an einer Wertpapierbörse setzt den Kurs für VW-Aktien so fest, dass möglichst viele Kauf- und Verkaufsaufträge ausgeführt werden können.
9	Um einen möglichst hohen Gewinn zu erzielen, ist der Händler H bestrebt, die Ware zu möglichst niedrigen Preisen einzukaufen und die Kosten in seinem Betrieb so niedrig wie möglich zu halten.
10	Ausruf eines Verdurstenden in der Wüste: „Ein Königreich für einen Schluck Wasser!"

Arbeitsaufträge und Fragen zur Stofferschließung

1. **Klären Sie** mithilfe der Ausgangssituation die Frage, warum der **Preismechanismus** gewissermaßen als das **„Herz der Marktwirtschaft"** bezeichnet werden kann.

2. **Beschäftigen Sie sich** mit den in der Sachdarstellung beschriebenen **Preisfunktionen. Stellen Sie** bei Bedarf Fragen an Ihren BWL-Lehrer.

3. **Bearbeiten Sie** die vorstehende **Arbeitsvorlage** in der Weise, dass Sie für die einzelnen Beispiele die jeweilige **Preisfunktion bestimmen.**

Aufgaben zur Lernzielkontrolle und Sicherung des Lernerfolgs

Aufgaben mit Auswahlantworten (Stets 1 aus 5!)

[1] Welcher der folgenden **preistheoretischen Zusammenhänge** ist **falsch?**

(a) Angebotslücken entstehen bei Preisen, die unterhalb des Gleichgewichtspreises liegen.

(b) Der Gleichgewichtspreis liegt stets genau in der Mitte zwischen dem niedrigsten und dem höchsten Preis.

(c) Die Nachfragemenge steht im umgekehrten Verhältnis zum Preis.

(d) Beim Gleichgewichtspreis ist die umgesetzte Menge am größten.

(e) Bei allen Preisen oberhalb des Gleichgewichtspreises entsteht überschüssiges Angebot.

[2] Welche der folgenden Aussagen **zum Gleichgewichtspreis** ist **falsch?**

(a) Beim Gleichgewichtspreis gibt es weder eine Angebots- noch eine Nachfragelücke.

(b) Der Gleichgewichtspreis räumt den Markt, weil Angebots- und Nachfragemenge gleich hoch sind.

(c) Ober- und unterhalb des Gleichgewichtspreises klaffen Angebots- und Nachfragemengen auseinander.

(d) Die Bildung eines einheitlichen Gleichgewichtspreises ist auch auf einem unvollkommenen Markt möglich, also z. B. in der Marktform des Oligopols oder des Monopols.

(e) Beim Gleichgewichtspreis gibt es weder überschüssige Angebots- noch überschüssige Nachfragemengen.

[3] Eine der folgenden Aussagen zum **Modell des vollkommenen Marktes** ist **falsch**. Welche?

(a) Es gibt auf einem solchen Markt weder Oligopole noch Monopole.

(b) Es gilt das Prinzip der Unterschiedslosigkeit der Preise.

(c) Die Anbieter können auf einem solchen Markt aktiv Preispolitik betreiben.

(d) Jeder Marktteilnehmer weiß genau Bescheid, wo es was gibt und zu welchen Preisen.

(e) Die Wirtschaftssubjekte handeln auf einem solchen Markt rein rational, d. h. nicht nach Gefühlen, Prestigegesichtspunkten, persönlichen Bindungen oder momentanen Stimmungen.

[4] Welche der folgenden Aussagen zu den **Preisgesetzen** ist **falsch?**

(a) Bei gleich bleibendem Angebot führt steigende Nachfrage zu steigenden Preisen.

(b) Bei gleich bleibender Nachfrage führt ein rückläufiges Angebot zu steigenden Preisen.

(c) Bei steigenden Preisen sinkt die Nachfrage in demselben Maße wie das Angebot steigt.

(d) Bei gleich bleibender Nachfrage führt steigendes Angebot zu sinkenden Preisen.

(e) Bei gleich bleibendem Angebot führt sinkende Nachfrage zu sinkenden Preisen.

[5] Was versteht man unter der **Allokationsfunktion des Preises**? Darunter versteht man den Tatbestand, ... (**Richtiges** anstreichen.)

(a) dass durch Preise der Anteil des Einzelnen am gemeinsam erwirtschafteten Bruttoinlandsprodukt bestimmt wird;

(b) dass Preise die Produktionsfaktoren in die Wirtschaftsbereiche lenken, wo sie am dringendsten benötigt werden;

(c) dass Preise es ermöglichen, die unterschiedlichen Einzelpläne der Wirtschaftssubjekte aufeinander abzustimmen und ein Marktgleichgewicht herbeizuführen;

(d) dass der Preis eines Gutes Ausdruck seiner Knappheit ist;

(e) dass durch Preise Wirtschaftssubjekte dazu erzogen werden, knappe Güter durch weniger knappe zu ersetzen und die Produktionsfaktoren sinnvoll einzusetzen.

[6] Welche von den unten stehenden Aussagen zum **vollkommenen Markt** ist **sachlich unrichtig?**

(a) Vollkommener Markt und vollständige Konkurrenz sind begriffsinhaltlich ein und dasselbe.

(b) Die Anbieter können überhaupt keinen Qualitätswettbewerb betreiben, da die Güter homogen sind.

(c) Es gibt auf einem solchen Markt keinerlei Preisabweichungen.

(d) Ein Anbieter, der seinen Preis über den Gleichgewichtspreis hinaus erhöht, verliert sämtliche Kunden.

(e) Auf einem solchen Markt werden Anpassungsvorgänge an veränderte Marktdaten mit blitzartiger Geschwindigkeit vollzogen.

[7] Welcher der unten genannten **Vorteile** kommt dem **Gleichgewichtspreis nicht** zu?

(a) Der Gleichgewichtspreis sorgt für eine optimale Bedarfsdeckung.

(b) Er lässt stets alle Nachfrager zum Zuge kommen.

(c) Er ermöglicht eine ständige Anpassung der Produktion an Bedarfswandlungen.

(d) Er räumt den Markt.

(e) Er gleicht Angebots- und Nachfragemengen aus.

Zusammenfassung wichtiger Lerninhalte

- *Ein Marktmodell ist ein vereinfachtes Abbild eines wirklichen Marktes.*

- *Das Modell des vollkommenen Marktes beruht auf mehreren Prämissen (Modellbedingungen):*
  - *Vielzahl von Anbietern und Nachfragern*
  - *Gleichartigkeit und Gleichwertigkeit (Homogenität) der Güter*
  - *Fehlen von unterschiedlichen Werteinschätzungen (Präferenzen)*
  - *Vollkommene Marktübersicht (Markttransparenz)*
  - *Rein rationales Verhalten der Marktteilnehmer*
  - *Unendlich große Reaktionsgeschwindigkeit*
  - *Einhaltung der rechtlichen Rahmenbedinungen*

- *Ein Gleichgewichtspreis kann sich nur auf einem vollkommenen Markt bilden. Auf einem unvollkommenen Markt weichen die Preise der einzelnen Anbieter mehr oder weniger stark voneinander ab.*
  Beim Gleichgewichtspreis sind Angebots- und Nachfragemenge identisch; es gibt weder einen Angebots- noch einen Nachfrageüberhang bzw. eine Angebots- oder Nachfragelücke. Die verkaufte Menge ist bei diesem Preis am größten.

- *Der Markt-Preis-Mechanismus ist das Herzstück jeder Marktwirtschaft.*
  Der Markt-Preis-Mechanismus funktioniert am besten beim Vorliegen der Marktform vollständige Konkurrenz und unter den Bedingungen des vollkommenen Marktes.

- *Steigende (sinkende) Nachfrage führt bei gleich bleibendem Angebot zu steigenden (sinkenden) Preisen (Preisgesetz).*

- *Steigendes (sinkendes) Angebot führt bei gleich bleibender Nachfrage zu fallenden (steigenden) Preisen (Preisgesetz).*

- *Der Preis übt in der Marktwirtschaft eine Reihe wichtiger Funktionen aus. Er fungiert als Mess-, Koordinations-, Anreiz-, Verteilungs- und Ausleseinstrument sowie als Knappheitsanzeiger.*

4.1   Welche Merkmale weisen die Märkte der Realität auf?

Ausgangs-situation

Eine Zeitungsmeldung:

Nix wie weg!

Individual-Touristen benötigen in der Regel nur einen Flug zum glücklich sein. Das günstigste Angebot zu finden, ist aber machmal schwerer als man denkt. Das Internet macht es auch nicht unbedingt leichter.

Im Sommer leide ich immer. Unter Heuschnupfen. Noch schlimmer plagt mich aber das Fernweh. Also nix wie weg – je weiter, desto besser. Im Reisebüro um die Ecke frage ich, was ein Flug von München nach Sydney Ende August kostet. Die Dame gibt mir eine Hausnummer: Um die 1.000 Euro. Plätze gibt es nicht mehr viele.

Abends schaue ich ins Internet. Oft gibt es ja spezielle Online-Angebote und Rabatte. Ich gebe „billige Australien-Flüge" ein und surfe über eine Handvoll Seiten. Zu meiner Überraschung stelle ich fest, dass alle auf dieselbe Buchungsmaschine Flights.infosys zugreifen. Dennoch bekomme ich bei jedem Versuch andere Flugverbindungen von 850 Euro an aufwärts. Das wundert mich. Deswegen maile ich eines der Büros an, dessen Buchungsmaschine ich gerade getestet habe. Man möge mir doch bitte ein Kombi-Angebot machen: Flug nach Australien und zurück kombiniert mit zwei inneraustralischen Flügen.

Angebot mit „Best-Price-Garantie"
Postwendend erhalte ich ein Angebot, sogar mit „Best-Price-Garantie". In der Tat ist der Flug mit 726 Euro ohne Steuern das günstigste, was ich bisher gesehen habe. Die Internet-Angebote ware alle teurer. Dumm nur, dass die Thai-Airways nicht innerhalb Australiens fliegt und auch keinen australischen Kooperationspartner zu haben scheint.

Obwohl ich mich noch gar nicht zu diesem Angebot geäußert habe, bucht mich das Büro gleich mal auf den Flug nach Sydney. Ich habe 48 Stunden, um mir die Sache zu überlegen.

Beim Zeitunglesen entdecke ich in der Zwischenzeit ein Sonderangebot der australischen Fluggesellschaft Qantas: Flug nach Australien und zurück ab 869 Euro.

Der Hammer daran: Es sind zusätzlich noch zwei Inlandsflüge dabei zum Preis von jeweils einem ganzen Euro. Alles zuzüglich Steuern. Das klingt doch mal nach was.

Der Haken daran: Das geht nur ab Frankfurt, nicht ab München. Wenns auf diese Weise so viel billiger wird, bin ich aber gerne bereit, über Frankfurt zu reisen.

Also maile ich ein Hamburger Reisebüro an, das auf seiner Homepage eine recht ansprechende Australien-Seite anbietet. Wieder schildere ich mein Begehr und schreibe außerdem, dass auch Frankfurt als Abflugort infrage kommt.

Auch hier kriege ich über Nacht Antwort: Von dem Special scheint man da aber nichts zu wissen: Das billigste Angebot liegt bei 1.458 Euro zuzüglich Steuern. Selbstverständlich werde ich gleich eingebucht.

Kampf mit dem Gewissen
Aber was ist mit dem Qantas-Special? Scheint keiner zu kennen. Also rufe ich die Reisebüros noch mal an und konfrontiere sie damit. Am schnellsten reagieren die Hamburger.

Sie wussten zwar nichts von dem Special, finden es aber nun raus und zaubern folgendes Angebot aus dem Hut: Frankfurt–Sydney und zurück. Dazu zwei inneraustralische Flüge. Alles zusammen für 1.019 Euro inklusive Steuern. Halleluja! Das ist echt fair. Da lasse ich mich jetzt auch gerne einbuchen.

aus: www.sueddeutsche.de/wirtschaft/artikel/737/14723/print.html
von Bernd Oswald vom 17.07.2003, 13:58 Uhr

Frage: Ist der für den Reisemarkt geltende Preiswirrwarr typisch für die Märkte der wirtschaftlichen Wirklichkeit?

Sachdarstellung

1. Warum die Märkte in der wirtschaftlichen Wirklichkeit fast ausnahmslos unvollkommen sind

Die Märkte in der Wirtschaftspraxis sind in der Regel keine vollkommenen Märkte, da nur **selten** einmal alle Voraussetzungen für das Marktmodell erfüllt sind. Zu den **Unvollkommenheitselementen** der realen Märkte zählen insbesondere folgende Gesichtspunkte:

a) Begrenzte Zahl von Anbietern und/oder Nachfragern

Infolge des anhaltenden **Konzentrationsprozesses** in der Wirtschaft verringert sich die Zahl der Anbieter auf einzelnen Märkten immer mehr; der Wettbewerb unter den Anbietern wird dadurch zunehmend eingeschränkt. Andererseits erhöht sich durch die Globalisierung der Märkte die Zahl der Anbieter auf den einzelnen Märkten; die Folge ist eine Verschärfung der Konkurrenzsituation.

Auf der **Nachfragerseite** ist der Markt in der Regel atomistisch strukturiert, wenn es sich um Konsumgütermärkte handelt. Die Verbraucher sind – wenn überhaupt – allenfalls in loser Form organisiert.

b) Heterogenität der Güter

In der wirtschaftlichen Wirklichkeit sind fast immer heterogene (ungleichartige und ungleichwertige) Güter anzutreffen. Die einzelnen **Produzenten** sind geradezu **bestrebt** ihre eigenen Produkte von denen der Mitbewerber nach Form, Qualität, technischer Ausstattung, Aufmachung u. a. **möglichst deutlich abzuheben.** Auf diese Weise können mit dem Produkt jeweils **andere Käuferschichten** erreicht werden. Man schafft so jedem Produkt quasi seinen **eigenen Markt**. Der Hersteller selbst schafft sich einen **absatzpolitischen Aktionsspielraum**.

c) Vorhandensein von Präferenzen

Unterschiedliche Werteinschätzungen (Präferenzen) können auf **vielfältige Ursachen** zurückgeführt werden.[1] Sie führen zu einer Differenzierung von Angebot und Nachfrage, spalten somit den einheitlichen Gesamtmarkt für ein Produkt in **mehrere, mehr oder weniger stark voneinander abgegrenzte Teilmärkte** auf.

d) Fehlende Markttransparenz

In der Wirtschaftspraxis sind vielfach nicht einmal Experten in der Lage, einzelne Märkte zu überblicken. Besonders schwer hat es daher der Endverbraucher, sich einen Überblick über die Vielzahl der unterschiedlichen Märkte zu verschaffen. Wie sich die Situation auf einem unvollkommenen Markt für den Konsumenten darstellt, schildert der Betriebswirt Prof. Eugen Schmalenbach[2] an einem Beispiel aus der unmittelbaren Nachkriegszeit (1949):

> „Ich brauchte seinerzeit einen neuen Regenschirm. Es war zu überlegen, wie ich in meiner Rolle als Abnehmer die in der freien Marktwirtschaft mir obliegende Pflicht am besten treffen könnte. In Köln gibt es, so nahm ich an, etwa 50 Läden, in denen man einen Regenschirm kaufen kann. Diese müsste ich pflichtgemäß alle aufsuchen ... Dann gibt es schätzungsweise 200 Sorten Regenschirme für Herren. Da es ein schwarzer Regenschirm mit gebogener Krücke sein sollte, mag sich die Sortenzahl auf 100 ermäßigen. Nun aber geht es mir um einen möglichst dauerhaften Regenschirm, dessen Stoff, Stock und Mechanik lange halten und auch bei starkem Wind brauchbar bleiben. Ich fand bald heraus, dass, allein um die Güte der Regenschirmstoffe auf Haltbarkeit und Wasserdurchlässigkeit zu prüfen, ein Kursus nötig sei, den ein Freund auf 4 Wochen Dauer schätzte ... Auch die Mechanik sei, so meinte er, in ihrer Qualität verschieden und man müsse schon etwas davon verstehen, wenn man eine sachkundige Auswahl treffen wolle. Diese Überlegungen führten dahin, dass ich, um mich und meine Familie mit dem nötigen Hausrat und der nötigen Bekleidung zu versehen, meinen Beruf aufgeben und dazu noch einen Assistenten anstellen müsste. Dieses bedenkend, verzichtete ich auf jede Konkurrenzprüfung, ging in den nächsten Laden und kaufte unter 10 vorgelegten Schirmen einen ohne lange Prüfung und zahlte dafür, was gefordert wurde."

Zu den **Hauptursachen für fehlende Markttransparenz** zählen **unzureichende Warenkenntnisse der Verbraucher** ebenso wie **irreführende Werbung** und eine kaum überschaubare **Produktvielfalt**.

---

1 Vergleichen Sie hierzu Abschnitt 3.1 (Sachdarstellung, 2. Der Aufbau des Modells)
2 Eugen Schmalenbach, Der freien Wirtschaft zum Gedächtnis. Westdeutscher Verlag, Opladen 1949, S. 58

Bei den **Bemühungen, die Überschaubarkeit der Märkte zu verbessern** und damit der besten Leistung im Marktwettbewerb zum Durchbruch zu verhelfen, kommt den von der **Stiftung Warentest** durchgeführten Produktüberprüfungen besondere Bedeutung zu. Seine **Marktübersicht** kann der Verbraucher außerdem **verbessern** durch das Lesen von Zeitungsinseraten (z. B. Anzeigen mit „Sonderangeboten"), durch das Vergleichen der einzelnen Warenangebote, das Betrachten von Schaufensterauslagen und Versandhauskatalogen, durch Aneignung spezieller Warenkenntnisse, durch das Studium von Zeitungsberichten und Fachzeitschriften, das Verfolgen von Marktberichten im Rundfunk und im Fernsehen, durch Recherchieren im Internet.

e) Irrationales Verhalten der Marktteilnehmer

Es ist **eine der Hauptaufgaben der Werbung,** bei den Abnehmern **Präferenzen** für ein bestimmtes Gut **zu erzeugen.** Ihr Vorhandensein bewirkt, dass **beim Kauf nicht nur rein rationale, sondern auch irrationale Momente** wie Gefühl, Geschmack, Prestige, Modebewusstsein u. a. **eine Rolle beim Kaufentscheid spielen.**

In der Wirtschaftspraxis sind **Gewinnmaximierung** auf der Angebots- und **Nutzenmaximierung** auf der Nachfragerseite zwar **dominierende,** jedoch **nicht ausschließliche Handlungsmaximen.**

2. Wettbewerbsformen in der wirtschaftlichen Wirklichkeit

Weil die realen Märkte die oben beschriebenen und vielfach auch noch **weitere Unvollkommenheitselemente** (z. B. Marktzugangsbeschränkungen, zeitliche Verzögerungen bei der Anpassung an veränderte Marktdaten) aufweisen, ist der **Wettbewerb** auf diesen Märkten „unvollständig". Im Gegensatz zum modelltheoretischen weist aber der Wettbewerb in der wirtschaftlichen Wirklichkeit einen **größeren Formenreichtum** und in der Regel auch eine **höhere Intensität** auf. Er erschöpft sich **nicht** in der **bloßen Mengenanpassung** der Anbieter, sondern ist in der Regel **Preis- und Nichtpreiswettbewerb in einem.** Zu Letzterem zählen der **Produktwettbewerb** (Schaffung neuer Produkte, Produktgestaltung, Produktvariation), der **Qualitätswettbewerb,** der **Konditionenwettbewerb** (Rabattgestaltung, Lieferungs- und Zahlungsbedingungen) und der **Distributionswettbewerb** (Werbung, Vertriebswege, Verpackungsgestaltung).

Viele technisch hoch entwickelte Produkte, so z. B. Autos, Schiffe, Flugzeuge, können wegen der hohen Entwicklungskosten und des aufwändigen Produktionsapparates aus wirtschaftlichen Gründen **nur in Großbetrieben hergestellt** werden. „Technischer Fortschritt, die Erfordernisse der Massenproduktion, das notwendige, aber kostspielige ‚Marketing' (die Untersuchung der Aufnahmefähigkeit des Marktes und dessen Pflege) sowie auf die Weltmärkte gerichtete Strategien haben **an die Stelle der vollständigen Konkurrenz oligopoloide Formen** der Konzentration treten lassen."[1] Für viele Märkte der wirtschaftlichen Wirklichkeit gilt der Satz: „Aus dem Polypol der vielen Marktschwachen wurde ein Oligopol der wenigen Umsatzstarken."

Die Kritiker der Theorie des vollständigen Wettbewerbs, so wie sie von Walter Eucken und der neoliberalen Schule vertreten wird, sind der Ansicht, dass die **Marktform des Angebotsoligopols** die besten Voraussetzungen für einen **funktionsfähigen Wettbewerb** liefert. **Begründet** wird diese Aussage wie folgt:

- Die **Marktmacht der einzelnen Anbieter** ist **begrenzt,** da bei jeder marktpolitischen Aktion die Reaktion der Mitbewerber berücksichtigt werden muss.
- Im Angebotsoligopol herrscht wegen der begrenzten Anzahl von Anbietern **ziemlich starke Konkurrenz**; Absprachen zwischen den einzelnen Mitbewerbern sind daher nicht sehr wahrscheinlich.
- Im Oligopol sind die **Unternehmenseinheiten relativ groß**; es bestehen daher **gute Finanzierungsmöglichkeiten,** sodass **neue Produkte und Verfahren** entwickelt und durchgesetzt werden können.
- **Pionierunternehmen,** die **hohe Gewinne** erzielen, **locken Konkurrenten an,** die **Nachahmungen** und weitere **Produktverbesserungen** vornehmen.

Im Folgenden wird die **Preisbildung auf dem unvollkommenen Markt** eingehend untersucht, und zwar zunächst bei **atomistischer Konkurrenz,** danach beim **Angebotsoligopol** und schließlich beim **Angebotsmonopol.**

---

1 K. Walter, A. Leistico, Anatomie der Wirtschaft – Eine Einführung in die Volkswirtschaftslehre, rororo 480, 99.–103. Tausend, Hamburg 1975, S. 37

Arbeitsaufträge und Fragen zur Stofferschließung

1. Beurteilen Sie die für das **Modell des vollkommenen Marktes** geltenden **Prämissen** (Abschnitt 3.1, Sachdarstellung, 2. Der Aufbau des Modells) in der Weise, wie sie sich in der **Wirtschaftspraxis** darstellen.

2. Wie unterscheidet sich der **Wettbewerb in der wirtschaftlichen Wirklichkeit** von dem in der reinen Theorie **(modelltheoretischer Wettbewerb)?**

3. **Erläutern Sie**, was unter einem „funktionsfähigen Wettbewerb" zu verstehen ist.

4. **Beantworten Sie**, nachdem Sie sich eingehend mit den **Märkten der wirtschaftlichen Wirklichkeit** befasst haben, die in der **Ausgangssituation** gestellte **Frage. Führen Sie** zur Untermauerung Ihrer Argumente auch einige **praktische Beispiele** für unvollkommene Märkte an.

4.2   Wie bilden sich die Preise im Polypol?

Ausgangssituation

Nach einer vom ADAC für den Raum München im April 20.. durchgeführten Marktuntersuchung schwankten die Preise für einen Liter Diesel zwischen 1,20 € und 1,30 €. Die in derselben Zeit vom Tankstelleninhaber Franz Huber in M-Ramersdorf durchgeführten Testverkäufe zu unterschiedlichen Preisen haben ergeben, dass Preisveränderungen lediglich im Bereich zwischen 1,26 € und 1,28 € möglich sind, ohne dass spürbare Reaktionen der Kunden eintreten.

Wie sind diese Preisabweichungen zu erklären?

Sachdarstellung

1. Die allgemeine Marktsituation

Auf den **unvollkommenen Märkten** der wirtschaftlichen Wirklichkeit gibt es bei atomistischer Konkurrenz (Vielzahl von Anbietern und Nachfragern) **weder** eine **einheitliche Angebotskurve** noch eine **solche Nachfragekurve**. Es sind stattdessen *viele individuelle Angebots- und Nachfragekurven* vorhanden, die zusammen ein **Angebots-** bzw. ein **Nachfrageband** bilden (siehe Grafik auf Seite 43, linke Abbildung). Da es innerhalb dieser Bänder **viele Schnittpunkte** der individuellen Angebots- und Nachfragekurven gibt, sind auf einem unvollkommenen Markt **unterschiedliche Preise** vorhanden. Die Preisunterschiede werden umso größer sein, je unvollkommener der Markt ist.

2. Die Marktsituation eines einzelnen Anbieters (individuelle Nachfragesituation)

Auf dem unvollkommenen Markt hat **jeder Anbieter** einen **gewissen *Preisspielraum*.** Dieser preispolitische Aktionsradius ist in der Regel **nicht identisch** mit den **für den Gesamtmarkt geltenden Preisober- und -untergrenzen.** Im vorliegenden Beispiel liegen die **Preisober- und Preisuntergrenzen für den Gesamtmarkt bei 1,20 € und 1,30 €. Die preispolitischen Möglichkeiten für den einzelnen Anbieter** (Tankstelle Huber in M-Ramersdorf) sind jedoch in der Regel wesentlich **enger.** Sie liegen im Beispiel **zwischen 1,26 € und 1,28 €** und richten sich nach den für den einzelnen Anbieter geltenden Marktbedingungen.

Bei einer Erhöhung des Angebotspreises bis zur Preisobergrenze (1,28 €) muss unser Anbieter **nicht** befürchten, dass es zu **großen Umsatzeinbußen** (Nachfragerückgängen) kommt. **Umgekehrt** führen **Preissenkungen**, soweit sie die **Preisuntergrenze (1,26 €) nicht unterschreiten,** wegen der Unvollkommenheit des Marktes **nur** zu **begrenzten Umsatzzuwächsen** (Nachfrageerhöhungen). Die **Nachfragekurve** ist also in diesem Bereich sehr **unelastisch,** sie verläuft **verhältnismäßig steil.**

Der Anbieter auf dem unvollkommenen Markt kann sich **innerhalb einer mehr oder weniger eng begrenzten Zone preispolitisch weitgehend autonom,** d. h. **wie ein Monopolist, verhalten.** Man bezeichnet deshalb diesen Abschnitt zwischen Preisober- und Preisuntergrenze der individuellen Nachfragekurve als den *monopolistischen Bereich.*

Je unvollkommener ein Markt ist, desto **größer** ist die **Marktmacht** der Anbieter und ihr **monopolistischer Spielraum.** Insbesondere das Vorhandensein von **Präferenzen** und **mangelnde Markttransparenz** vergrößern den preispolitischen Aktionsspielraum (monopolistischen Bereich).

3. Grafische Darstellung

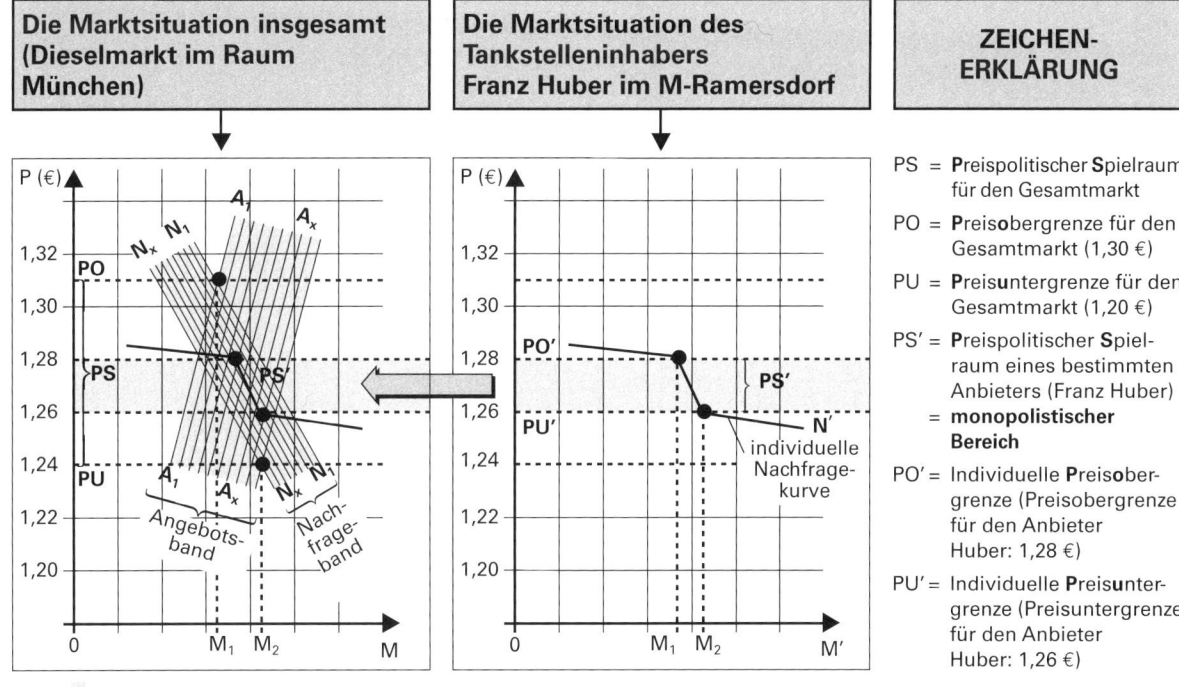

Die Marktsituation insgesamt (Dieselmarkt im Raum München)	Die Marktsituation des Tankstelleninhabers Franz Huber im M-Ramersdorf	ZEICHEN-ERKLÄRUNG

ZEICHENERKLÄRUNG:

PS = Preispolitischer Spielraum für den Gesamtmarkt

PO = Preisobergrenze für den Gesamtmarkt (1,30 €)

PU = Preisuntergrenze für den Gesamtmarkt (1,20 €)

PS' = Preispolitischer Spielraum eines bestimmten Anbieters (Franz Huber) = monopolistischer Bereich

PO' = Individuelle Preisobergrenze (Preisobergrenze für den Anbieter Huber: 1,28 €)

PU' = Individuelle Preisuntergrenze (Preisuntergrenze für den Anbieter Huber: 1,26 €)

Arbeitsaufträge und Fragen zur Stofferschließung

1. **Was** versteht man unter einem **Polypol**?

2. **Kennzeichnen Sie** ganz allgemein die **Marktsituation im Polypol**.

3. **Was** versteht man unter dem **„monopolistischen Spielraum"** des Tankstelleninhabers Huber?

4. **Wie** werden sich die **Kunden verhalten**, wenn Tankstelleninhaber Huber seinen **Dieselabgabepreis** auf **über 1,28 € erhöht**?

5. Angenommen, Huber setzt den Preis für Dieseltreibstoff **unterhalb der Preisuntergrenze von 1,26 €** an. **Wie** werden in diesem Falle seine **Kunden reagieren**?

6. **Was** kann ein **Anbieter auf einem unvollkommenen Markt tun**, um seinen **preispolitischen Spielraum zu vergrößern**?

7. **Welcher Beziehungszusammenhang** besteht zwischen der **Vollkommenheit bzw. Unvollkommenheit eines Marktes** und dem **preispolitischen Spielraum der Anbieter**?

4.3 Welche Preispolitik kann der Angebotsoligopolist betreiben?

Ausgangssituation

Der Markt für Handgelenk-Blutdruckmessgeräte wird von drei Anbietern beherrscht. Die Produkte dieser Anbieter wurden bei einem Waren-Test einheitlich mit „gut" bewertet. Die auf einem bestimmten Markt pro Jahr absetzbare Menge beträgt 300 000 Stück.

Eine der drei Unternehmungen, die Firma Alphamed, hält bei einem Verkaufspreis von 50,00 € einen Marktanteil von 40 %. Marktanalysen dieses Unternehmens haben folgenden Beziehungszusammenhang zwischen Verkaufspreis und Marktanteil ergeben:

Verkaufspreis in Euro	55,00	50,00	45,00	40,00
Marktanteil in %	25	40	45	50

Fixe Kosten der Herstellung: 1,5 Millionen Euro
Variable Produktionskosten je Stück: 30,00 Euro

Frage: Zu welchem Preis wird die Firma Alphamed ihr Blutdruckmessgerät verkaufen, wenn sie einen höchstmöglichen Gewinn anstrebt?

Sachdarstellung

1. Aktive Preispolitik des Oligopolisten

a) Voraussetzungen:

Dynamische Unternehmensleitung – günstige Finanz- und Kostensituation – relativ schwache Marktstellung der Nachfrager – relativ starke Marktstellung des eigenen Unternehmens – differenziertes Angebot (hohe Produktqualität; ausgeklügeltes Produktionsprogramm).

b) Mögliche Reaktionen der Nachfrager, wenn ein Oligopolist den Preis seines Produkts erhöht:

- Nachfragerückgang (in %) = Preiserhöhung (in %)
- Nachfragerückgang (in %) < Preiserhöhung (in %)
- Nachfragerückgang (in %) > Preiserhöhung (in %)
- kein wesentlicher Nachfragerückgang trotz Preiserhöhung

c) Mögliche Reaktionen der Konkurrenten bei einer Preiserhöhung:

Die Mitbewerber erhöhen den Preis für ihr Produkt...
- in demselben Maße wie der Preisbrecher (z. B. ebenfalls um 10 %),
- in geringerem Maße (z. B. nur um 6 %),
- in stärkerem Maße (z. B. um 15 %),
- überhaupt nicht: Sie antworten dann häufig mit Maßnahmen aus dem Bereich des Nichtpreiswettbewerbs (z. B. Qualitätsverbesserungen, Produktdifferenzierung).

d) Ausprägungsformen aktiver oligopolistischer Preispolitik:

(1) Preisführerschaft

- **Vorgehensweise:** Der Oligopolist mit dem größten Marktanteil wird häufig von den Mitbewerbern stillschweigend als Preisführer anerkannt.
- **Preispolitisches Verhalten:** Preisänderungen werden nur dann vorgenommen, wenn der Preisführer seinen Preis ändert.

(2) Verdrängungswettbewerb (ruinöse Konkurrenz)

- **Zielsetzung:** Ausschaltung der Konkurrenz, Erlangung einer Monopolstellung.
- **Mittel:** in erster Linie Preisunterbietung.
- **Risiken:** hohe Kosten, starke finanzielle Belastungen, vorübergehend Verzicht auf Gewinnmaximierung (Dumpingpreise), Aufbau einer gemeinsamen Abwehrfront der Konkurrenten möglich. Mögliche unbeabsichtigte Folge: Verdrängung des Angreifers vom Markt.

2. Passive Preispolitik des Oligopolisten

a) Ausprägungsformen:

- Preisunbeweglichkeit bzw. -starrheit (sog. „Schlafmützenkonkurrenz");
- oligopolistische Zusammenarbeit (Kooperation, evtl. sogar Kartellbildung), Parallelverhalten (abgestimmte Aktionen auf dem Markt).

b) Hauptgrund für passives preispolitisches Verhalten:

Angst vor einem Preiskrieg (Verdrängungswettbewerb).

c) Typische Konkurrenzsituation bei passivem preispolitischem Verhalten der Oligopolisten: etwa gleich große Marktanteile.

d) Hauptziel oligopolistischer Zusammenarbeit (Kooperation): Ausschaltung des Wettbewerbs durch Bildung von Kartellen, Beherrschung des Marktes.

3. Die Nachfragekurve (Preis-Absatz-Funktion) im Oligopol

Die *Tendenz zur Preisstarrheit* im Oligopol lässt sich theoretisch **begründen**.

- Würde ein Oligopolist aus der bestehenden Preisphalanx ausbrechen und den *Preis* für sein Produkt *erhöhen*, z. B. weil er einen höheren Gewinn anstrebt, dann müsste er mit **beträchtlichen Umsatzeinbußen** rechnen, weil ein Großteil der **Kunden** – ähnlich wie im Polypol – zu den günstiger anbietenden Mitbewerbern **abwandern** würde. Die zum alten Preis verkaufenden **Mitbewerber** würden in beträchtlichem Umfang *Marktanteile hinzugewinnen*, sodass der preistreibende Oligopolist sowohl seine **Markt-** als auch seine **Gewinnsituation** überproportional **verschlechtert**.

- Würde andererseits ein Oligopolist den Versuch unternehmen durch *Preissenkung* **Wettbewerbsvorteile** zu erzielen, dann müsste er mit entsprechenden **Reaktionen seiner Mitbewerber** rechnen. **Senken** die **Mitbewerber** ebenfalls die **Preise**, dann werden sich die **Umsatzzuwächse** des Preisunterbieters in mehr oder weniger **engen Grenzen** halten. Auf jeden Fall wird sich die **Gewinnsituation** des preisunterbietenden Oligopolisten ganz wesentlich **verschlechtern**. Aus diesem Grunde besteht im Oligopol im Allgemeinen **wenig Neigung**, aus der bestehenden Preisphalanx nach unten hin **auszubrechen**. Auch *im Fall der Preisunterbietung bestätigt* sich somit die in Oligopolmärkten zu beobachtende **Tendenz zur Preisunbeweglichkeit**.

- Weil schon relativ **geringe** *Preiserhöhungen* **zu beträchtlichen Umsatzeinbußen** beim preistreibenden Oligopolisten führen, erweist sich die *Preis-Absatz-Funktion* in Bezug auf steigende Preise als *sehr elastisch*.[1] Umgekehrt führen beabsichtigte *Preissenkungen* nur zu relativ **geringen Umsatzzuwächsen** beim Initiator der Preisunterbietungswelle, weil alle anderen Mitbewerber aus Angst vor einschneidenden Umsatzeinbußen **ebenfalls** ihre **Preise senken** werden. Die *Preis-Absatz-Funktion* (Nachfragekurve) erweist sich in diesem Bereich als *relativ unelastisch*. Dort, wo der elastische auf den unelastischen Bereich stößt, hat die **Nachfragekurve** einen Knick; man spricht deshalb in diesem Zusammenhang von der *geknickten Preis-Absatz-Funktion* im Oligopol.

Arbeitsvorlage

Preispolitik im Angebotsoligopol

1. Wertetafel: Auswirkungen von Preisänderungen auf das Unternehmensergebnis

Preis	55,00 €	50,00 €	45,00 €	40,00 €
Marktanteil (in Prozent)	25	40	45	50
Absatzmenge (in Stück)				
Erlöse (in Mio. Euro)				
gesamte Fixkosten (in Mio. Euro)				
gesamte variable Kosten (in Mio. Euro)				
Gesamtkosten (in Mio. Euro)				
Gewinn/Verlust (in Mio. Euro)				

1 Vergleichen Sie hierzu die Ausführungen im Abschnitt 2.3.

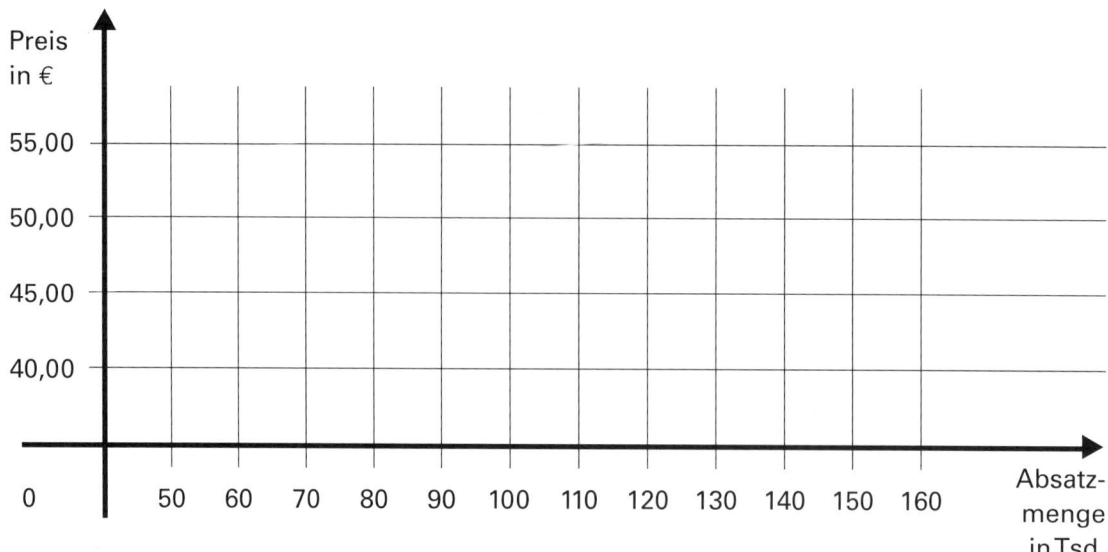

2. Grafische Darstellung: Die geknickte Preis-Absatz-Kurve (Nachfragekurve) im Oligopol

Arbeitsaufträge und Fragen zur Stofferschließung

1. **Beschäftigen Sie sich** zunächst einmal mit der **Ausgangssituation** und mit dem **preispolitischen Verhalten von Oligopolisten** (Sachdarstellung, 1. und 2.). **Beantworten Sie** danach folgende **Auswertungsfragen**:

   a) **Von welchen Seiten** muss der Oligopolist bei Preisveränderungen mit **Reaktionen** rechnen?

   b) Mit welchen **Reaktionen der Nachfrager** muss ein Oligopolist bei Preiserhöhungen grundsätzlich rechnen?

   c) Mit welchen **Reaktionen der Konkurrenten** muss ein Oligopolist bei Preiserhöhungen grundsätzlich rechnen?

   d) **Was** versteht man unter „Preisführerschaft"?

   e) Mit **welchen Gefahren** ist ein **Preiskrieg** verbunden?

   f) Welche **Formen des passiven preispolitischen Verhaltens** von Oligopolisten gibt es?

   g) **Welchen Hauptgrund** und **welches Hauptziel** gibt es für das **passive** preispolitische Verhalten von Oligopolisten?

2. **Ergänzen Sie** nun die **Tabelle** entsprechend den Gegebenheiten der **Ausgangssituation**. [→ **Arbeitsvorlage**]

3. **Werten Sie** die von Ihnen ermittelten **Ergebnisse der Tabelle aus.**

   a) **Bei welchem Verkaufspreis** wird ein **maximaler Gewinn** erzielt? **Markieren Sie** diese Zeile in der Tabelle mit Farbe.

   b) **Wie erklärt es sich**, dass bei einer **Preiserhöhung** um 10 % (von 50,00 € auf 55,00 € der **Marktanteil** der Firma Alphamed von 40 auf 25 % (um 37,5 %) sinkt? Lösungshinweis: Nachfragerverhalten.

   c) **Wie erklärt sich** die **relativ geringe Umsatzsteigerung** (15 000 bzw. 30 000 Stück), wenn der **Preis** um 10 bzw. 20 % (von 50,00 € auf 45,00 € bzw. auf 40,00 €) **herabgesetzt** wird? **Lösungshinweis:** Konkurrenzverhalten.

   d) **Wie würden Sie sich** anstelle der Firma Alphamed **preispolitisch verhalten?** Begründen Sie Ihren Standpunkt mithilfe des vorgegebenen **Zahlenmaterials.**

4. **Stellen Sie** den Zusammenhang zwischen Verkaufspreis pro Stück und Absatzmenge grafisch dar. [→ **Arbeitsvorlage**]
   Teilen Sie die ermittelte **Preis-Absatz-Kurve** in **drei Preiszonen** ein und **beschreiben Sie** die einzelnen Preiszonen kurz. **Lösungshinweis:** Elastizität der Nachfrage, Umsatzentwicklung beim Preispolitik betreibenden Oligopolisten.

5. **Erklären Sie** das Zustandekommen der **geknickten Preis-Absatz-Kurve** (Nachfragekurve).

6. **Welche Marktbedingungen** müssen gegeben sein, um die für die geknickte Nachfragekurve im Oligopolmarkt geltenden **Mitbewerber- und Nachfragerreaktionen** auszulösen? **Lösungshinweis:** Bedingungen des vollkommenen Marktes.

4.4 Welche Preispolitik kann der Angebotsmonopolist betreiben?

Ausgangs-situation

Die Sportgeräte AG, Bremen, hat einen völlig neuartigen „Tele-Trimmer" entwickelt. Es handelt sich hierbei um ein Gerät, das geräuschlos betrieben wird und mit dem während des Fernsehens leichte sportliche Übungen (Bein- und Armbewegungen) durchgeführt werden können. Das Gerät ist mit einem Pulsfrequenzmesser und einem Kalorienzähler versehen. Es ist patentrechtlich geschützt.

Vor der Aufnahme der Produktion wird ein Marktforschungsinstitut damit beauftragt, die Absatzchancen dieses neuartigen Sportgeräts festzustellen. Nach den Ergebnissen dieser Marktuntersuchung sind folgende Absatzchancen gegeben:

Preis je Stück in Euro	100,00	90,00	80,00	70,00	60,00	50,00	40,00	30,00	20,00
Absatzmengen in Tsd.	–	10	20	30	40	50	60	70	80

Ein Preis unter 20,00 € ist nach Vorkalkulation nicht möglich.

Die Sportgeräte AG rechnet bei der Herstellung des Geräts mit Fixkosten in Höhe von 1,2 Millionen € und mit variablen Stückkosten in Höhe von 20,00 €.

Frage: Zu welchem Preis wird die Sportgeräte AG den „Tele-Trimmer" verkaufen, wenn sie einen höchstmöglichen Gewinn anstrebt?

Sachdarstellung

1. Das Wesen von Monopolen

Der Monopolist

- ist der **alleinige Anbieter eines Guts** auf einem **bestimmten Markt**;
- ist **keinem wesentlichen Wettbewerb** ausgesetzt;
- kann **aktiv Preispolitik** betreiben;
- kann den **Angebotspreis autonom**, d. h. selbst **bestimmen**;
- braucht bei der **Preisfestsetzung keine Rücksicht auf Konkurrenten** zu nehmen;
- **beherrscht den Markt** (marktbeherrschendes Unternehmen);
- verfügt über **wirtschaftliche Macht**.

2. Entstehung von Monopolen

- **Natürliche Monopole**, z. B. beim Abbau von Naturvorkommen (Bodenschätze, Heilquellen).
- **Öffentliche Monopole**, z. B. die öffentlichen Versorgungsbetriebe (Gas-, Elektrizitätswerke). Es handelt sich fast ausnahmslos um Monopole mit sozialpolitischer Funktion; sie werden in der Regel nicht mit der Absicht der Gewinnmaximierung betrieben.
- **Vertragsmonopole**, z. B. Preisabsprachen zwischen rechtlich und wirtschaftlich selbstständigen Unternehmen derselben Branche. Solche Kartelle sind ein typisches Beispiel für **Kollektivmonopole** – im Gegensatz zu **Einzelmonopolen**.
- **Gewachsene Monopole**. Es handelt sich um Monopole, die ohne Gesetze oder Vertrag durch Ausschaltung von Konkurrenzunternehmen und Eroberung einer marktbeherrschenden Stellung entstanden sind. Beispiel: ein finanzstarkes Unternehmen überlebt als einziges eine schwere Branchenkrise.
- **Rechtliche Monopole**, z. B. alleiniges Nutzungsrecht für eine Erfindung aufgrund eines **Patents** oder einer **Lizenz**.

3. Hauptvorteile

- Ermöglichung der **Großserien- und Massenproduktion**, da Monopolunternehmen fast immer Großbetriebe sind, in denen das **Gesetz der Massenproduktion** zur Anwendung kommt. Das führt zu **Kostenvorteilen**, die bei vollständiger Konkurrenz wegen der zu kleinen Unternehmenseinheiten nicht realisierbar wären.

- Der vom Gesetz der Massenproduktion ausgehende **Zwang zur möglichst vollständigen Kapazitätsauslastung** – der maximale Gewinn entsteht an der Kapazitätsgrenze – **verhindert** eine **künstliche Verknappung des Angebots**.

- Die **überlegene Kapitalkraft** von Monopolunternehmen ist die Voraussetzung für die **Finanzierung kostenaufwändiger Forschungsarbeiten** und für den **Einstieg in neue, risikobehaftete Produktionen und Technologien**, z. B. Megachips.

4. Hauptnachteile

- Monopolpreise sind **keine Knappheitspreise**; sie lenken daher Kaufkraft eventuell in ökonomisch unzweckmäßige Verwendungen.

- Monopolunternehmen streben eine **künstliche Verknappung des Angebots** an, um ihre hohen Preise aufrechterhalten zu können.

- Im Vergleich zur vollständigen Konkurrenz führen infolgedessen Monopole zu einer **schlechteren Versorgung** der Bevölkerung mit Gütern.

- Der Monopolist bezieht wegen seiner marktbeherrschenden Stellung einen **nicht gerechtfertigten Sondergewinn**, die sog. **Monopolrente**.

- Eine Monopolstellung auf einem Markt kann zu einem **Nachlassen der Rationalisierungs- und Innovationsbemühungen** führen und so den **technischen Fortschritt hemmen**.

5. Grenzen der Monopolmacht

In der wirtschaftlichen Wirklichkeit gibt es **keine absoluten, sondern nur relative Monopolstellungen**, und zwar aus folgenden Gründen:

- **Substitutions- bzw. Surrogatkonkurrenz** ermöglicht es den Abnehmern, bei zu hohen Monopolpreisen auf andersartige Ersatzgüter auszuweichen, z. B. Flugreisen statt Bahnfahrten.

- **Potenzielle Konkurrenz** führt bei monopolistisch überhöhten Preisen zur Entwicklung von Ersatzgütern und damit zur Aufbrechung des bestehenden Monopols, z. B. Einfuhr ausländischer Billigprodukte.

- **Außenseiterkonkurrenz** in Form von kleineren Mitbewerbern (Teilmonopolen) kann dem Nachfrager bei überhöhten Preisen Nachfrage durch Leistungsdifferenzierung abnehmen.

- **Totale Konkurrenz** besteht insoweit, als die Abnehmer ihren Bedarf nach einem überteuerten Monopolgut zugunsten eines völlig andersartigen Guts zurückstellen können.

- **Staatliche Maßnahmen zur Förderung des Wettbewerbs** in der sozialen Marktwirtschaft (z. B. Kartellverbot, Missbrauchsaufsicht, Fusionskontrolle). Damit sollen die unsozialen Folgen einer immer mehr zunehmenden Unternehmenskonzentration verhindert werden.

 Arbeitsvorlage

Preispolitik im Angebotsmonopol

1. Auswertung der Marktforschungsergebnisse

Preis je Stück (in Euro)	Absatzmenge (in tsd.)	Umsatz (in Mio. Euro)	Herstellungskosten		Gesamtkosten[1]	Gesamtgewinn/ Verlust[1]
			Gesamte Fixkosten[1]	Gesamte variable Kosten[1]		
1	2	3	4	5	6	7
100,00						

1 in Mio. Euro

2. Grafische Darstellung

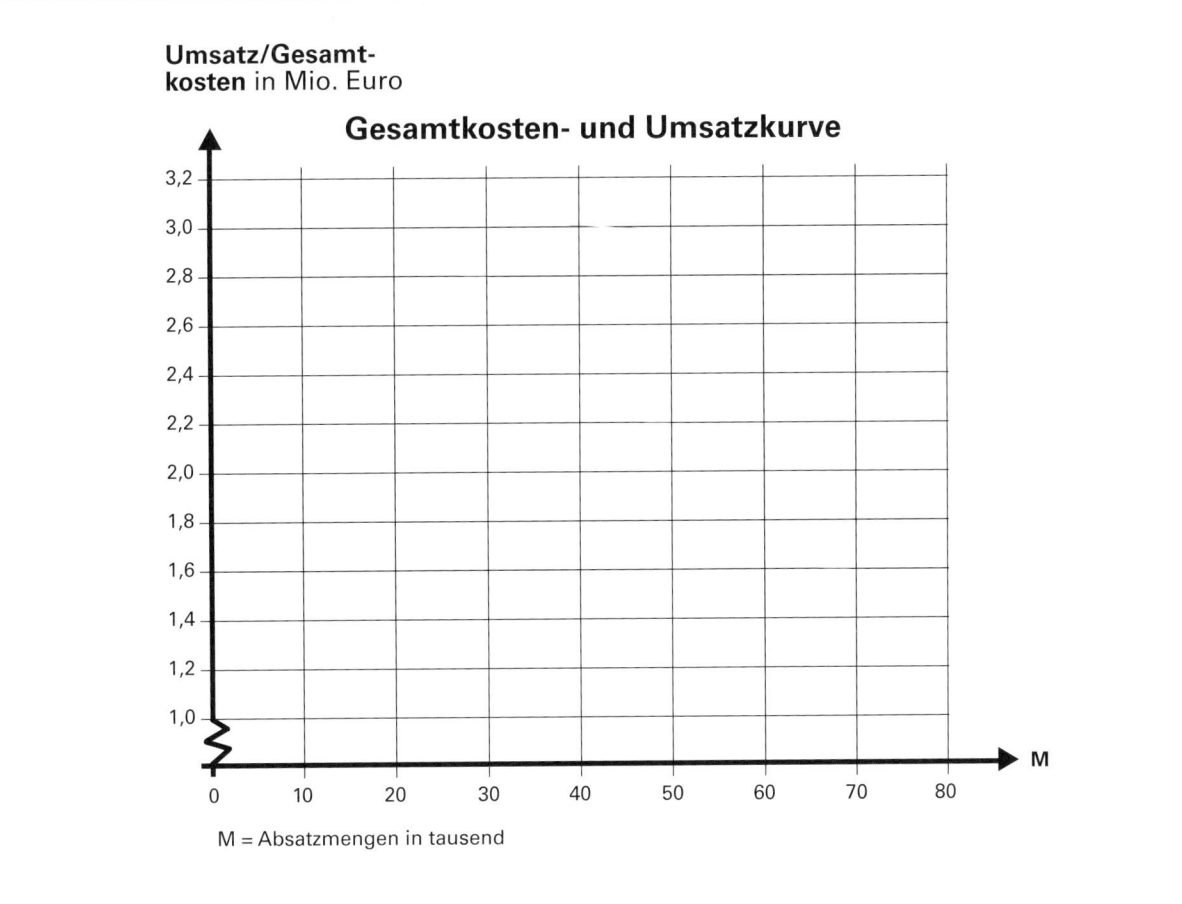

Umsatz/Gesamt-kosten in Mio. Euro

Gesamtkosten- und Umsatzkurve

M = Absatzmengen in tausend

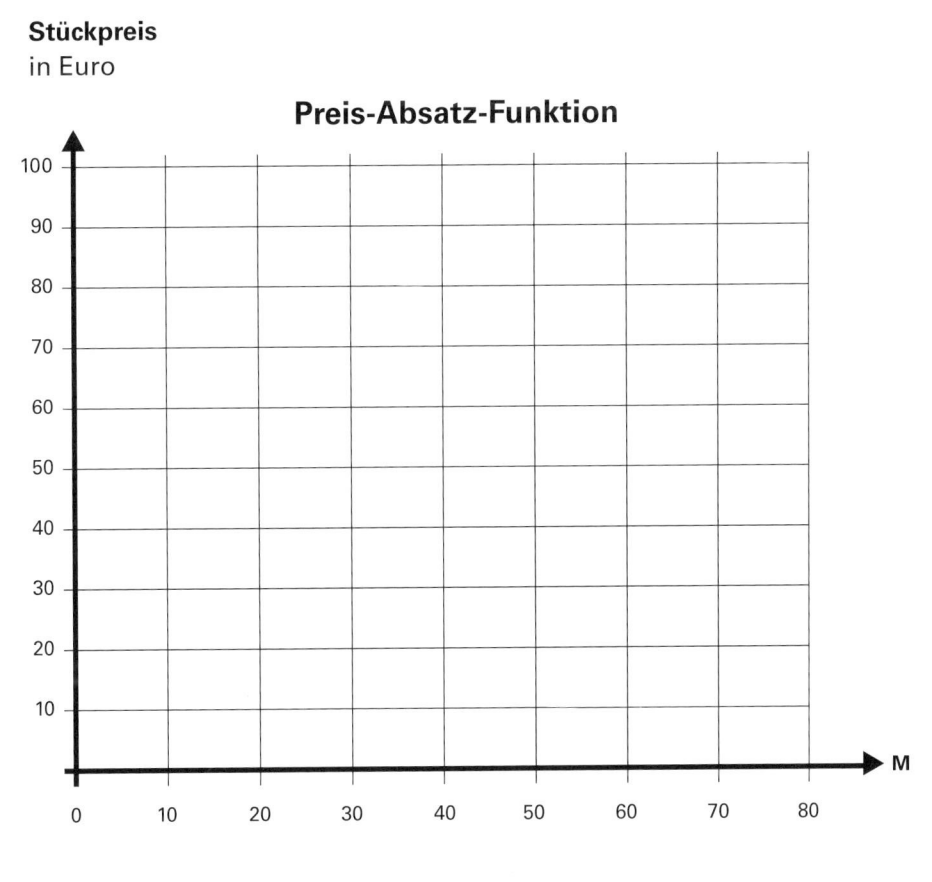

Stückpreis in Euro

Preis-Absatz-Funktion

Arbeitsaufträge und Fragen zur Stofferschließung

Befassen Sie sich zuerst einmal mit den Ausführungen der **Sachdarstellung**.

a) **Prüfen Sie** anhand der im **Abschnitt 1 der Sachdarstellung** angeführten **Kriterien**, ob die Sportgeräte AG in Bezug auf den „Tele-Trimmer" eine **Monopolstellung** innehat.

b) **Erläutern Sie**, was man unter **rechtlichen, gewachsenen, natürlichen, öffentlichen und Vertragsmonopolen** zu verstehen hat.

c) **Beschreiben Sie** drei **Hauptvorteile** von Monopolbetrieben.

d) **Erläutern Sie**, warum Monopolbetriebe **„Fremdkörper"** in einer Wettbewerbswirtschaft darstellen.

e) **Zeigen Sie** an vier **Beispielen** die **Grenzen der Monopolmacht** auf.

Ergänzen Sie mithilfe der in der **Ausgangssituation** gegebenen Daten die vorstehende **Tabelle**. [→ **Arbeitsvorlage**]

Beantworten Sie danach folgende **Auswertungsfragen**:

a) **Wie verhält sich** der **Preis** zur **Absatzmenge**?

b) **In welchem Maße** steigen die **Gesamtkosten** an?

c) **Wie lautet** die **mathematische Formel** für die Ermittlung des **Gesamtgewinns bzw. Gesamtverlusts**?

d) **Was lässt sich** über die **Höhe des Gesamtgewinns bzw. Gesamtverlusts** sagen …
da) bei hohen Preisen, db) bei niedrigen Preisen, dc) bei mittleren Preisen?

e) Bei welchem **Preis** wird der **höchste Gesamtgewinn** erzielt? (Gewinnmaximaler Preis)

f) Bei welchem **Preis** wird der **höchste Umsatz** erzielt? (Umsatzmaximaler Preis)

g) **Was lässt sich** über das **Verhältnis** (die Größenordnung) von **gewinnmaximalem zu umsatzmaximalem Preis** sagen?

h) Bei welcher **Absatzmenge** wird das **Gewinnmaximum** erreicht? **Markieren Sie** diese Absatzmenge in der Tabelle.

i) Bei welcher **Absatzmenge** wird das **Umsatzmaximum** erreicht?

j) **Was lässt sich** über das **Verhältnis** (die Größenordnung) von gewinnmaximaler zu umsatzmaximaler **Absatzmenge** sagen?

k) Angenommen, der Angebotsmonopolist strebe nach maximalem Gewinn. Bei **vollständiger Konkurrenz** wäre unter dieser Voraussetzung eine **bestmögliche Versorgung** der Bevölkerung mit Gütern und Dienstleistungen gewährleistet. **Wie** ist das **Versorgungsniveau** beim Angebotsmonopol zu beurteilen? (Lösungshinweis: vgl. Punkt j.)

Stellen Sie das **Datenmaterial der Tabelle grafisch** dar, und zwar zuerst das **Verhältnis von Stückpreis und Absatzmenge (Preis-Absatz-Funktion)**, sodann die **Gesamtkosten-** und die **Umsatzkurve**. [→ **Arbeitsvorlage**]

Markieren Sie den **ersten Schnittpunkt von Umsatz- und Gesamtkostenkurve** mit **A**, den **zweiten** mit **B**. **Beantworten Sie** danach folgende **Verständnisfragen**:

a) **Wie** ist der **Schnittpunkt von Umsatz- und Gesamtkostenkurve** (Punkt A), der als Gewinn- oder Nutzenschwelle bezeichnet wird, zu deuten?

b) **Wie** verhalten sich **Gesamtkosten** und **Umsatz** zueinander bei Absatzmengen, die **kleiner** als die **Schnittmenge** sind?

c) **Was** entsteht bei **Absatzmengen**, die **größer** als die Schnittmenge des Punktes A sind?

d) **Wie** könnte man daher die rechts von Punkt A liegende **Zone zwischen Gesamtkosten- und Umsatzkostenkurve** bezeichnen?

e) **Wo endet** dieser Bereich? **Was** bringt dieser **Schnittpunkt** zum Ausdruck?

f) **Welches Verhältnis von Umsatz und Gesamtkosten** ergibt sich bei Absatzmengen, die **größer** sind als die **Schnittmenge von Punkt B**?

Bestimmen Sie grafisch auf der Umsatzkurve folgende Punkte: **Punkt des maximalen Gewinns** (Punkt D) und den **Punkt des maximalen Umsatzes** (Punkt E). **Wie** müssen Sie **vorgehen**?

Fällt man vom Punkt D (gewinnmaximaler Umsatz) ein Lot auf die Mengenachse des Koordinatensystems für die Preis-Absatz-Kurve, so schneidet dieses Lot die Preis-Absatz-Kurve (Nachfragekurve). Den Schnittpunkt bezeichnet man als Cournot'schen Punkt (C). Der dazugehörige Preis wird als Cournot'scher Preis (P_C), die entsprechende Menge als Cournot'sche Menge (M_C) bezeichnet. Machen Sie in der Grafik die Cournot'sche Menge (M_C) und den Cournot'schen Preis (P_C) ausfindig.

8. **Vergleichen Sie** die Cournot'sche Menge (M_C) mit der zum Umsatzmaximum (Punkt E) gehörigen Menge ($M_{U(max.)}$).

9. **Welche Schlussfolgerung** kann aus dem in Punkt (7) festgestellten Sachverhalt wiederum gezogen werden?

10. Kann es sein, dass auch ein Monopolist **nicht** unter allen Umständen den **höchstmöglichen Preis** fordert? (Begründung)

Aufgaben zur Lernzielkontrolle und Sicherung des Lernerfolgs

Aufgaben mit Auswahlantworten (Stets 1 aus 5!)

[1] Welche der folgenden **Aussagen zum unvollkommenen atomistischen** Markt ist **falsch**? Auf einem solchen Markt ...

(a) ist die Marktmacht eines Anbieters umso größer, je mehr Präferenzen vorhanden sind;

(b) wird jeder Anbieter im Rahmen seiner Absatzpolitik gezielt versuchen bestehende Präferenzen zu verstärken;

(c) wird der Konkurrenzkampf nicht nur über den Preis, sondern auch über die Qualität der Ware, die Lieferungs- und Zahlungsbedingungen, den Service u. a. ausgetragen;

(d) ist der preispolitische Spielraum eines Anbieters umso größer, je unvollkommener der jeweilige Markt ist;

(e) bildet sich für die einzelnen Güter ein einheitlicher Marktpreis, der von den Marktteilnehmern als unbeeinflussbare Größe (Datum) angesehen wird.

[2] Welche der folgenden **Aussagen in Bezug auf Präferenzen** ist **falsch**?

(a) Das Vorhandensein von Präferenzen bedeutet, dass der jeweilige Markt unvollkommen ist.

(b) Nur soweit auf dem jeweiligen Markt Präferenzen bestehen, kann sich für ein bestimmtes Gut ein einheitlicher Marktpreis bilden.

(c) Je stärker die vorhandenen Präferenzen sind, desto größer ist der preispolitische Aktionsspielraum des Anbieters.

(d) Es ist die Aufgabe der Werbung, bestehende Präferenzen zu verstärken.

(e) Das Vorhandensein von Präferenzen macht aus an sich homogenen Gütern solche mit heterogenem Charakter.

[3] Der **preispolitische Spielraum einer Bäckerei in der Nähe einer Schule** beruht auf **Präferenzen**. Es handelt sich hierbei um ...

(a) sachliche Präferenzen;

(b) zeitliche Präferenzen;

(c) räumliche Präferenzen;

(d) persönliche Präferenzen;

(e) werbliche Präferenzen.

[4] Welche der folgenden **Aussagen über unvollkommene Märkte** ist **richtig**?

(a) Es gibt auf solchen Märkten eine einheitliche Nachfragekurve für ein bestimmtes Gut.

(b) Es lässt sich eine eindeutige Gleichgewichtsmenge für ein bestimmtes Gut ermitteln.

(c) Für die einzelnen Güter gibt es einheitliche Gleichgewichtspreise.

(d) Es gibt neben homogenen auch heterogene Güter.

(e) Für jedes Gut lässt sich eine eindeutige Angebotskurve ausmachen.

[5] Welche der folgenden **Aussagen zum monopolistischen Preisspielraum des Anbieters auf einem unvollkommenen atomistischen Markt** ist **falsch**?

(a) Der monopolistische Bereich der Nachfragekurve (Preis-Absatz-Kurve) ist umso größer, je unvollkommener der Markt ist.

(b) Er ist gekennzeichnet durch eine ziemlich elastische Nachfrage.

(c) Er ist bei Luxusgütern größer als bei Gütern des lebensnotwendigen Bedarfs.

(d) Er wird durch eine bestimmte Preisober- und Preisuntergrenze eingegrenzt.

(e) Er lässt sich grafisch durch eine ziemlich steil verlaufende Nachfragekurve darstellen.

[6] Wenn ein **Anbieter** bei **atomistischer Konkurrenz** auf einem **unvollkommenen Markt** seinen **Angebotspreis innerhalb des monopolistischen Bereichs verändert**, so ergeben sich aus diesem Marktverhalten **bestimmte Wirkungen. Welche** der folgenden **Wirkungen** ist **zutreffend**?

(a) Der Preispolitik betreibende Anbieter verliert sämtliche Kunden.

(b) Die abgesetzte Menge verändert sich nur wenig.

(c) Der Anbieter kann seine Marktmacht wesentlich verstärken.

(d) Er kann beträchtliche Umsatzveränderungen registrieren.

(e) Er gewinnt viele neue Kunden.

[7] Eine der folgenden Aussagen zur **atomistischen Konkurrenz auf unvollkommenen Märkten** ist **falsch**. Welche?

(a) Es gibt auf solch einem Markt unterschiedliche Preise.

(b) Für den einzelnen Anbieter gelten dieselben Preisober- und Preisuntergrenzen wie für den Gesamtmarkt.

(c) Es gibt weder eine einheitliche Angebotsnoch eine einheitliche Nachfragekurve.

(d) Der preispolitische Spielraum auf dem Gesamtmarkt ist größer als der für den einzelnen Anbieter.

(e) Es entstehen Angebots- und Nachfragebänder.

[8] Der **Wettbewerb zwischen Oligopolunternehmen** weist eine Reihe von **Vorteilen** auf. Welcher von den unten angeführten Sachverhalten bezeichnet **nicht einen Vorteil**, sondern einen **Nachteil** dieser Wettbewerbsform?

(a) Die einzelnen Anbieter verfügen über eine begrenzte Marktmacht, da sie bei marktpolitischen Aktionen die Reaktion der Mitbewerber mit berücksichtigen müssen.

(b) Der starke Konkurrenzdruck unter den einzelnen Anbietern fördert den technischen Fortschritt, insbesondere die Einführung neuer Produktionsverfahren und neuer Produkte.

(c) Wegen der begrenzten Zahl von Marktteilnehmern ist es leicht möglich, Vereinbarungen zwischen den einzelnen Konkurrenten zu treffen, z. B. hinsichtlich des Preises.

(d) Wenn ein Oligopolist als Pionierunternehmen hohe Gewinne erzielt, so lockt er damit Konkurrenzunternehmen an, die Nachahmungen und weitere Produktverbesserungen vornehmen.

(e) Oligopolunternehmen können aktiv Preispolitik betreiben; sie müssen sich nicht unbedingt als bloße Mengenanpasser verhalten.

[9] Welche der folgenden Aussagen zur **Marktform des Oligopols** ist **unzutreffend**?

(a) Oligopole sind sowohl auf vollkommenen als auch auf unvollkommenen Märkten anzutreffen.

(b) Der Angebotsoligopolist kann außer Preiswettbewerb auch Nichtpreiswettbewerb, z. B. Produkt- oder Qualitätswettbewerb, betreiben.

(c) Der Wettbewerb unter Oligopolisten weist einen größeren Formenreichtum auf als der Modellwettbewerb der vollständigen Konkurrenz.

(d) Jeder Oligopolist verfügt über einen relativ großen Marktanteil und hat so grundsätzlich die Möglichkeit zur Preisbeeinflussung auf dem Markt.

(e) Im Gegensatz zum Monopolisten müssen Oligopolisten bei preispolitischen Maßnahmen nicht nur die Reaktionen der Nachfrager, sondern auch die der Konkurrenten berücksichtigen.

[10] Bei **atomistischer Konkurrenz** auf einem **unvollkommenen Markt** hat der einzelne Anbieter einen mehr oder weniger großen **preispolitischen Spielraum**. Welche der folgenden **Aussagen zum monopolistischen Bereich** ist **unzutreffend**?

(a) Der monopolistische Bereich wird durch eine Preisober- und eine Preisuntergrenze eingegrenzt.

(b) Innerhalb des monopolistischen Bereichs kann sich der Anbieter preispolitisch weitgehend autonom, d. h. wie ein Monopolist, verhalten.

(c) Bei einer Erhöhung des Angebotspreises bis zur Preisobergrenze muss der Anbieter nur geringe Umsatzeinbußen befürchten.

(d) Innerhalb des monopolistischen Bereichs verläuft die Nachfragekurve (Preis-Absatz-Kurve) ziemlich flach, d. h., sie ist sehr elastisch.

(e) Bei einer Senkung des Angebotspreises bis zur Preisuntergrenze kann der Anbieter keine starken Umsatzerhöhungen erwarten.

[11] Welche der folgenden Aussagen zum **preispolitischen Verhalten** von **Angebotsoligopolisten** auf **unvollkommenen Märkten** ist **falsch**?

(a) Zu den Formen der passiven Preispolitik von Oligopolisten gehören die Preisunbeweglichkeit und die oligopolistische Kooperation.

(b) Der Hauptgrund für passives preispolitisches Verhalten der Angebotsoligopolisten ist die Angst vor einem Verdrängungswettbewerb (Preiskrieg).

(c) Hauptziel oligopolistischer Zusammenarbeit (Kooperation) ist die Marktbeherrschung.

(d) Zu den Formen des aktiven preispolitischen Verhaltens von Angebotsoligopolisten gehören die Preisführerschaft und der Verdrängungswettbewerb.

(e) Aktives preispolitisches Verhalten von Angebotsoligopolisten, z. B. ein Preiskrieg, ist vor allem bei etwa gleich großen Marktanteilen anzutreffen.

[12] Welche der folgenden Aussagen zum **monopolistischen Spielraum** der Anbieter bei **atomistischer Konkurrenz** ist **unzutreffend**?

(a) Der monopolistische Spielraum ist bei existenznotwendigen Gütern größer als bei Luxusgütern.

(b) Bei Preiserhöhungen über die Preisobergrenze hinaus muss der Anbieter mit starken Umsatzeinbußen rechnen.

(c) Je unvollkommener ein Markt ist, desto größer ist der monopolistische Spielraum der einzelnen Anbieter.

(d) Der monopolistische Bereich wird durch das Vorhandensein von Präferenzen, durch mangelnde Markttransparenz und durch die Heterogenität der Güter vergrößert.

(e) Je geringer das Einkommen der Nachfrager ist, desto größer ist im Allgemeinen ihr Preisbewusstsein, desto geringer ist damit der monopolistische Spielraum des Anbieters.

Zusammenfassung wichtiger Lerninhalte

- *Die **Märkte in der Realität** können folgende Merkmale aufweisen: begrenzte Zahl von Marktteilnehmern, Heterogenität der Güter, Vorhandensein von Präferenzen, fehlende Markttransparenz, irrationales Verhalten der Marktteilnehmer.*
  *Auf den Märkten in der wirtschaftlichen Wirklichkeit dominieren **oligopolistische Marktformen**.*

- *Auf **unvollkommenen Märkten** gibt es weder eine einheitliche Angebots- noch eine einheitliche Nachfragekurve; deshalb gibt es auch keinen einheitlichen Marktpreis (Gleichgewichtspreis).*

- *Bei **atomistischer Konkurrenz auf unvollkommenen Märkten** hat der einzelne Anbieter einen gewissen monopolistischen Spielraum; er kann seine Preise in begrenztem Umfang variieren.*

- ***Oligopolisten** können auf einem unvollkommenen Markt aktiv Preispolitik betreiben; sie müssen hierbei jedoch die Reaktionen der Konkurrenten mit einbeziehen. Ausprägungsformen der aktiven Oligopol-Preispolitik sind Preisführerschaft oder Verdrängungswettbewerb, zur passiven Preispolitik zählen die Preisunbeweglichkeit und oligopolistische Zusammenarbeit.*

- *Der **Monopolist** ist der alleinige Anbieter eines Guts auf einem bestimmten Markt; er ist keinem wesentlichen Wettbewerb ausgesetzt und kann aktiv Preispolitik betreiben, d. h. seinen Angebotspreis autonom festlegen.*

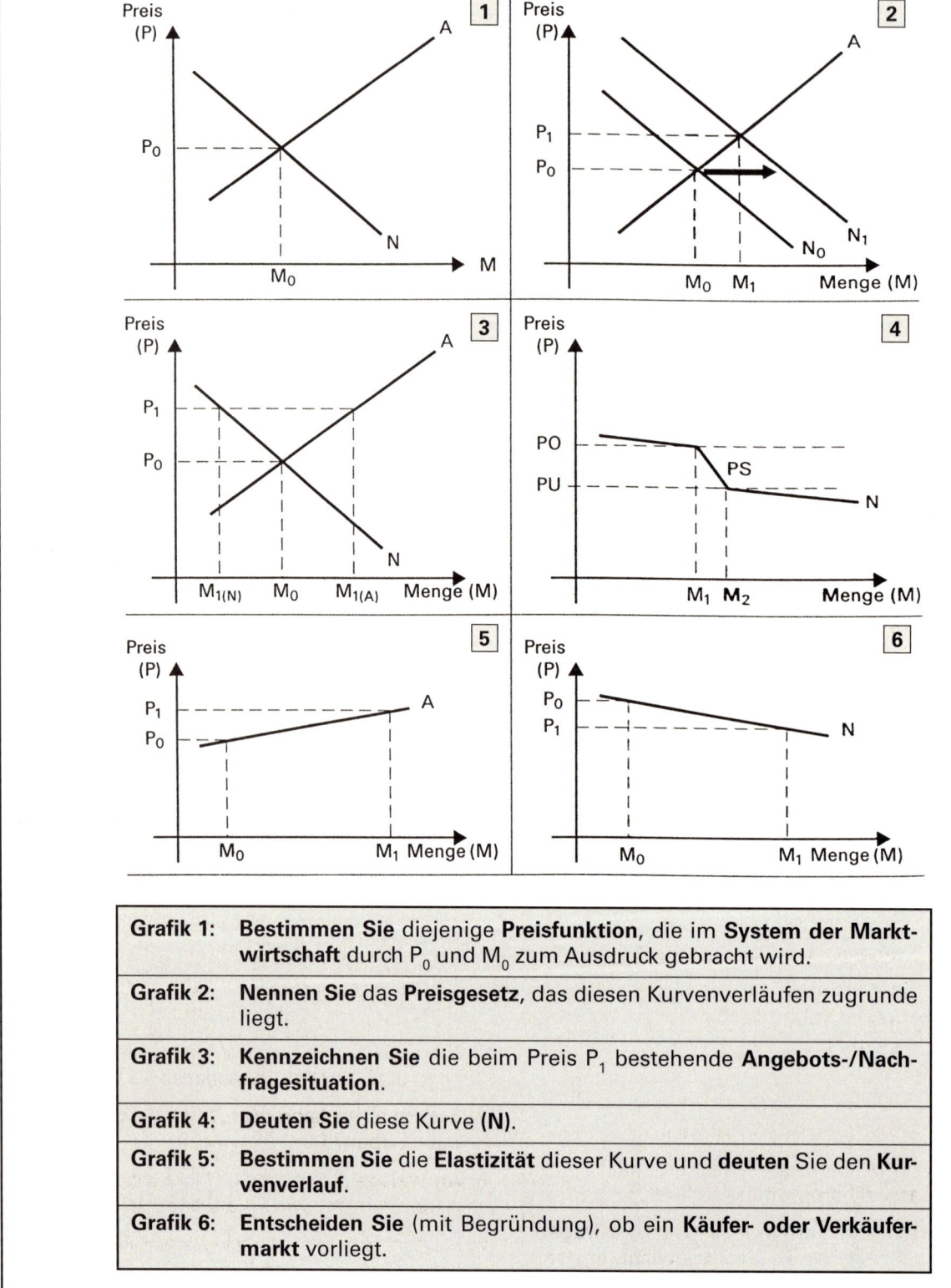

Grafik 1:	**Bestimmen Sie** diejenige **Preisfunktion**, die im **System der Markt-wirtschaft** durch P_0 und M_0 zum Ausdruck gebracht wird.
Grafik 2:	**Nennen Sie** das **Preisgesetz**, das diesen Kurvenverläufen zugrunde liegt.
Grafik 3:	**Kennzeichnen Sie** die beim Preis P_1 bestehende **Angebots-/Nach-fragesituation**.
Grafik 4:	**Deuten Sie** diese Kurve (**N**).
Grafik 5:	**Bestimmen Sie** die **Elastizität** dieser Kurve und **deuten** Sie den **Kur-venverlauf**.
Grafik 6:	**Entscheiden Sie** (mit Begründung), ob ein **Käufer- oder Verkäufer-markt** vorliegt.

Aufgabe 2: Der Markt-Preis-Mechanismus

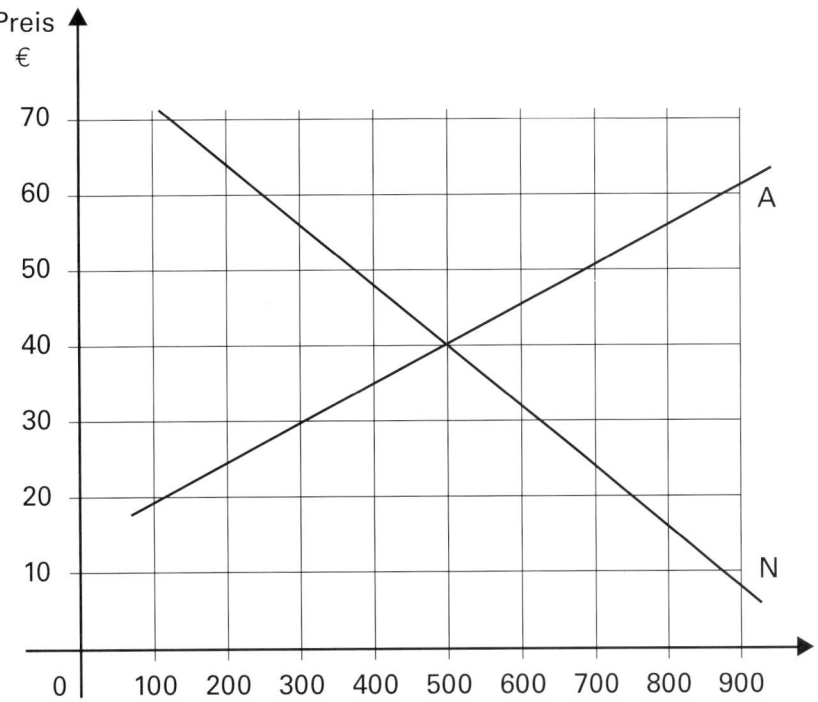

1. Bestimmen Sie den Gleichgewichtspreis und die Gleichgewichtsmenge (grafisch und in Zahlen).

2. Welche Aufgaben (Funktionen) erfüllt der Gleichgewichtspreis?

3. Beschreiben Sie die Marktsituation bei einem Preis von 60,00 €.

4. Erläutern Sie, wie es in der vorstehend beschriebenen Marktsituation (3.) zu einem Marktgleichgewicht kommt.

5. Die staatlich subventionierte europäische Landwirtschaft produziert riesige Überschüsse. Man spricht in diesem Zusammenhang von Milchseen, Butter-, Getreide-, Gemüse- und Fleischbergen. Der Grund dafür sind subventionierte Preise (sog. Mindestpreise), die **über** dem Marktpreis liegen. Erläutern Sie, wie der Marktpreis langfristig eine Überschussproduktion verhindert.

6. Beschreiben Sie vier Grundvoraussetzungen für das Funktionieren des Marktautomatismus.

7. Nennen Sie vier Faktoren, die außer dem Preis das Verhalten der Nachfrager bestimmen.

8. Welche Faktoren können bestimmend sein für das Marktverhalten der Anbieter?

9. Erläutern Sie, was man unter einem „Mengenanpasser" versteht.

10. Nehmen Sie Stellung zu der folgenden Aussage: „Je geringer die Zahl der Anbieter, desto größer sind die Chancen zur Preisbeeinflussung."

11. Warum kann man sagen, dass der Markt-Preis-Mechanismus das „Herz jeder Marktwirtschaft" ist?

Aufgabe 3: Preispolitik in der wirtschaftlichen Wirklichkeit

1. In der Realität ergeben sich im Gegensatz zur reinen Theorie für ein und dasselbe Gut oft erhebliche Preisunterschiede. Geben Sie hierfür vier Gründe an.

2. Was versteht man unter dem monopolistischen Spielraum eines Anbieters im Polypol?

3. Welchen Sinn haben Modellkonstruktionen wie die des vollkommenen Marktes?

4. In der Periode 1 waren Angebot und Nachfrage nach dem Produkt A im Gleichgewicht. In der folgenden Periode ist eine deutliche Marktsättigung eingetreten. Wie wirkt sich diese Entwicklung auf den Marktpreis aus? (Verbale und grafische Lösung)

5. Welche Möglichkeiten a) der aktiven und b) der passiven Preispolitik hat ein Oligopolist? (Je zwei Angaben)

6. Nennen Sie vier Wesensmerkmale von Monopolen.

7. Welche Kritik kann man an der Monopolpreispolitik üben? (drei Angaben)

8. An welche Grenzen stößt die Macht von Monopolen in der wirtschaftlichen Wirklichkeit?

9. Deuten Sie die geknickte Preis-Absatz- bzw. Nachfragekurve im Oligopol.

10. Welcher Beziehungszusammenhang besteht zwischen der Unvollkommenheit eines Marktes und dem preispolitischen Spielraum der Anbieter?

Aufgabe 4: Preisbildung im vollkommenen Markt

Die badische Gemeinde Bühl ist ein bekanntes Zentrum des Zwetschgenanbaus. Bei den Versteigerungen auf dem Bühler Zwetschgenmarkt sind die Bedingungen eines vollkommenen Marktes weitgehend erfüllt. Am 12. September 20 . . werden bei einer Auktion folgende Kauf- und Verkaufsaufträge erteilt:

KAUFAUFTRÄGE			VERKAUFSAUFTRÄGE		
Käufer	kauft	zum Preis je kg	Verkäufer	verkauft	zum Preis je kg
A	1 t	3,00 €	G	1 t	2,00 €
B	2 t	2,80 €	H	2 t	2,20 €
C	3 t	2,60 €	I	3 t	2,40 €
D	4 t	2,40 €	J	4 t	2,60 €
E	5 t	2,20 €	K	5 t	2,80 €
F	6 t	2,00 €	L	6 t	3,00 €

1. Ermitteln Sie die Gesamtnachfrage und das Gesamtangebot. Verwenden Sie hierzu die unten stehende Arbeitsvorlage.

2. Zeichnen Sie auf der nachfolgenden Arbeitsvorlage die Gesamtnachfrage- und die Gesamtangebotskurve ein, und zwar mit den von Ihnen ermittelten Zahlen. Kennzeichnen Sie die beiden Achsen und ermitteln Sie den Gleichgewichtspreis und die Gleichgewichtsmenge.

3. Berechnen Sie mithilfe der unten stehenden Tabelle die jeweiligen Umsatzmengen (in t) und die Umsätze (in €), die sich bei den verschiedenen Preisen ergeben. Ermitteln Sie auch den Umsatz zum Gleichgewichtspreis. Welche Feststellung können Sie treffen?

4. Nennen Sie zwei Merkmale, die den Gleichgewichtspreis kennzeichnen.

5. Erläutern Sie die Marktlage, die sich beim Preis von 2,20 € ergibt.

6. Beschreiben Sie möglichst genau, wie es aus der in 3. beschriebenen Marktlage zum Gleichgewichtspreis kommt.

7. Der Marktpreis hat verschiedene Aufgaben (Funktionen) zu erfüllen. Erläutern Sie drei dieser Funktionen.

8. In einem Gesundheitsmagazin im Fernsehen wird die positive Wirkung getrockneter Zwetschgen auf die Verdauung gepriesen. Am Tag darauf werden bei gleichen Angebotsbedingungen (Verkaufsaufträgen) von jedem Nachfrager 0,5 t Zwetschgen mehr nachgefragt.

   a) Ermitteln Sie mithilfe der unten stehenden Arbeitsvorlage die neue Gesamtnachfrage.

   b) Zeichnen Sie die neue Nachfragekurve (N') in Ihr Koordinatensystem ein und ermitteln Sie grafisch den neuen Gleichgewichtspreis und die neue Gleichgewichtsmenge.

 Arbeitsvorlage

Zu 1.:

Preis in €	Nachfrage in t						Gesamt- nachfrage
	A	B	C	D	E	F	
2,00							
2,20							
2,40							
2,60							
2,80							
3,00							

Preis in €	Angebot in t						Gesamt- angebot
	G	H	I	J	K	L	
2,00							
2,20							
2,40							
2,60							
2,80							
3,00							

Urs Ochsenbein · Deutscher Schäferhund

ISBN 3-275-04048-4

1. Auflage 1994
Copyright © by Müller Rüschlikon Verlags AG, Gewerbestrasse 10, CH-6330 Cham

Satz: Vaihinger Satz+Druck, D-71665 Vaihingen
Druck: Studio Druck, D-72622 Nürtingen
Bindung: Buchbinderei Schumacher AG, CH-3185 Schmitten
Printed in Germany.

Urs Ochsenbein

Reihe: »Hunderassen« · Herausgeber Urs Ochsenbein

Deutscher Schäferhund

Müller Rüschlikon Verlags AG
Cham

Diese einsatzfreudige und bewährte Diensthündin der Polizei war zugleich eine kinderfreundliche Familienhündin.

Inhaltsverzeichnis

1. Einführung

Wer den Deutschen Schäferhund kennt, hat ihn gern und kommt nur schwer von ihm los. Das ist natürlich und bei anderen Rassen und ihren Besitzern ähnlich. Und doch scheint die weltweite Beliebtheit des Deutschen Schäferhundes besondere Gründe zu haben. Seine imposante Erscheinung flößt Respekt ein, ist er doch einer jener Hunde, die dem Urahn Wolf am ähnlichsten geblieben sind. Auf mancher Bühne wurde er denn auch verwendet, wenn das Märchen vom Rotkäppchen gespielt wurde, wo der Wolf die arme Großmutter zu fressen hat. Die Frage von Rotkäppchen, »Warum hast du so große Ohren?«, paßt genau zum Kopf unseres Schäferhundes mit seinen mächtigen Steh-Ohren. Diese herrlichen Lauscher sind es auch, zusammen mit dem buschigen Schwanz, die ihm seine Natürlichkeit verleihen.

Ein Menschenfresser ist er aber deshalb nicht. Im Gegenteil, er ist von großer Anhänglichkeit, wenn man ihm Gelegenheit gibt, sich mit dem Menschen früh genug zu sozialisieren. Dann wird er zum überaus anpassungsfähigen und liebenswerten Familienhund. Und von diesem Deutschen Schäferhund, der sich in einer Familie wohl und geborgen fühlen soll, handelt in erster Linie dieses Buch. Über seine Leistungen als Sport- und Diensthund ist schon viel geschrieben worden. Auch über die Ausbildung, die ihn dazu werden läßt. Was aber leider oft in jenen Büchern fehlt, ist das, was ihm jene grundlegenden Verhaltensweisen vermittelt, die ihm und auch keinem anderen Rassehund fehlen dürfen, soll er ein

sicherer und verläßlicher Begleiter des Menschen sein.

Der Hund ist ja kein Wildtier, das unter dem Druck einer bestimmten Umwelt steht und von ihr geformt wird. Er ist ein Haustier, dessen innere und äußere Entwicklung vom Menschen abhängt und von ihm gefördert oder vernachläßigt wird. Der erste Zeitabschnitt dieser Entwicklung ist zugleich der wichtigste. Es sind seine ersten zwölf bis vierzehn Lebenswochen, die er größtenteils beim Züchter zubringt, und die einer Prägungsphase gleichkommen. Welche Verantwortung dem Züchter daraus erwächst, und was ihm zu tun obliegt, damit aus dem Welpen ein anpassungsfähiger und belastbarer erwachsener Hund wird, ist in diesem Buch beschrieben. Das Lesen dieses Abschnittes ermöglicht es dem späteren Besitzer, sich über die Qualität eines Züchters zu informieren.

Gelangt der Welpe zum Besitzer, liegt die Verantwortung für seine weitere Entwicklung bei ihm. Wie er vorgehen kann, um das Beste aus dem übernommenen Tier zu machen, dazu leitet ihn das vorliegende Buch an.

Fachgerechte und damit auch dem Hund gerecht werdende Haltung und Erziehung ist lernbar. Voraussetzung dazu ist, daß der Besitzer mehr weiß von der Art und der Andersartigkeit des Hundes im Vergleich zum Menschen. Auch das kommt hier zur Sprache. Und damit wird der Besitzer in die Lage versetzt, grobe Fehler in seinem Verhalten gegenüber dem Hund von Anfang an zu vermeiden. Er wird einsehen, daß es nicht um das

Beherrschen des Tieres mit Befehlsgewalt geht, sondern darum, sich mit seinem Hund zu verständigen. Er wird sozusagen die Sprache des Hundes erlernen. Und damit ist ihm und seinem vierbeinigen Begleiter geholfen. Sie werden ein Team sein, das sich gegenseitig bedeutend mehr Freude als Ärger bereitet. Wer einen Deutschen Schäferhund übernimmt, der schon etwas älter oder schon seit längerer Zeit erwachsen ist, findet in diesem Buch ebenfalls Zugang zu einem erfreulichen Miteinander. Selbst alte Hunde sind noch lernfähig. Wenn sich ihre Besitzer gut informieren, wird es ihnen auch gelingen, allfällige unerwünschte Verhaltensweisen ihres Hundes abzubauen und ein angenehmes Zusammenleben mit ihm zu erwirken.

Dieses Buch vermittelt also dem Leser in jedem Fall jene Kenntnisse, die er benötigt, um seinen Hund zu verstehen und somit auch artgerecht erziehen zu können. Das ist beim Deutschen Schäferhund besonders wichtig. In ihm vereinen sich Temperament und Kraft, die vom Besitzer unter Kontrolle zu halten sind. In ihm steckt aber auch ein empfindsames Wesen, das unserer Zuwendung bedarf. Wird sie ihm zuteil, wird er zum anhänglichen Partner, der sich gern einfügt in unseren Lebensbereich.

2. Die Anschaffung will überlegt sein

Wer einen Deutschen Schäferhund kaufen möchte, sollte sich erst einmal darüber Gedanken machen, ob ein Hund dieser Rasse überhaupt zu ihm paßt. Das ist nicht selbstverständlich. Es genügt nämlich nicht, daß uns der Deutsche Schäferhund, so wie wir ihn vom Sehen her kennen, gefällt. Unsere Persönlichkeit und unsere äußeren Verhältnisse sollten auch ein wenig der Art dieser Rasse entsprechen. Es handelt sich um Hunde, die aus arbeitsgewohnten Hütehundschlägen herausgezüchtet wurden. Deshalb sollten wir über genügend Zeit verfügen, um dem erwählten Junghund die nötige Bewegung und Beschäftigung zu bieten. Das bedeutet, daß wir täglich mindestens anderthalb Stunden spazieren gehen. Außerdem müssen wir ihn so erziehen, daß er unter Kontrolle zu halten ist. Ganz im Alleingang gelingt dies meistens nicht. Normalerweise besucht man mit ihm die Übungen eines Rassevereins oder einer Sektion des kynologischen Dachverbandes unserer Region. Nur so werden wir in der Lage sein, dem Hund genügend Gelegenheit zum Freilaufen zu gewähren. Ein Deutscher Schäferhund, der nie von der Leine kommt, wird zum frustrierten und aggressiven Raufbold.

Bewegung ist aber nicht alles, was wir unserem Schäferhund bieten sollten, wenn wir mit ihm gut auskommen und in ihm einen angenehmen Hausgenossen haben möchten. Damit seine innere Entwicklung zum erwachsenen Hund normal verläuft, braucht er – in vernünftigem Maß – unsere Zuwendung. Das beansprucht Zeit und fordert die Bereitschaft

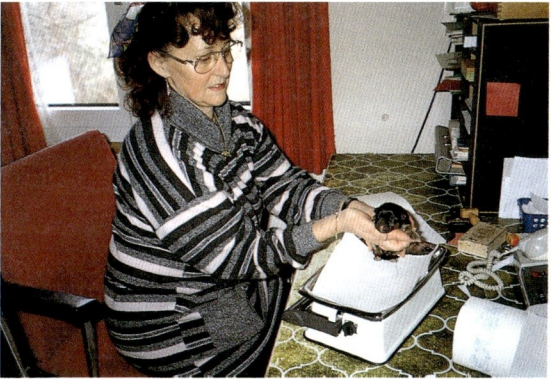

Seriöse Züchter setzen ihre Welpen täglich auf die Waage. So klein ist ein deutscher Schäferhund am ersten Tag seines Lebens…

…und so groß ist er bereits mit 10 Monaten.

und die Möglichkeit, den Hund in den Tagesablauf der Familie einzuordnen. Jeder Hund fühlt sich nur dann wohl und geborgen, wenn er seinen festen Platz im Familienrudel einnehmen kann; gerade der Schäferhund ist als sensibler vierbeiniger Partner besonders auf Wärme und Geborgenheit angewiesen.

Haben wir nun in sachlicher Weise uns selbst und unsere Möglichkeiten geprüft, so kommen uns vielleicht Zweifel, ob uns ein Deutscher Schäferhund nicht allzusehr beanspruchen würde. In diesem Fall stellen wir uns am besten einmal vor, wie sich ein Tag mit unserem künftigen Hund abspielen würde. Schauen wir uns dazu den Text »Ein Tag im Leben eines Deutschen Schäferhundes« einmal näher an (S. 12). Verstärken sich dabei unsere Zweifel, so sehen wir jetzt besser vom Erwerb eines solchen Hundes ab. Steigert sich hingegen der Wunsch, einen Deutschen Schäferhund zu besitzen, so können wir weiterhin an eine Anschaffung denken.

Vergessen Sie dabei aber nie, daß jeder Hundekauf ein Abenteuer bleibt, dessen Verlauf nicht zu berechnen ist. Auch die beste Planung ändert daran nichts.

Der Deutsche Schäferhund in unserer Familie

Die Anschaffung eines Deutschen Schäferhundes bringt Veränderungen für die ganze Familie mit sich. An seiner Pflege und Haltung sind alle unsere Lebenspartner beteiligt, oder sie sind zumindest davon betroffen. Deshalb sollte man sich gemeinsam über den Kauf eines Hundes Gedanken machen.

Wer seinen Hund richtig hält, hat nur ausnahmsweise Schwierigkeiten und verursacht auch nur ausnahmsweise problematische Situationen. Was aber heißt »richtig halten«? Das Futter und die nötige Pflege wird in den meisten Fällen aufgebracht. Doch öfter als man annimmt wird vergessen, daß der Hund als empfindsames Lebewesen mehr als nur materieller Grundlagen bedarf, um sich irgendwo zu Hause zu fühlen. Wir haben ihn während über 10 000 Jahren zu unserem Hausgenossen gemacht, nun will er, daß wir uns mit ihm beschäftigen, ihn vor allem auf vernünftige Weise in die Familie integrieren. Tun wir das nicht, geschieht mit ihm dasselbe wie mit Kindern, an deren geistiger Entwicklung die Eltern keinen Anteil nehmen: Er verwahrlost. Das zeigt sich dann im Streunen, oft auch im Kot- und Urinablegen in der Wohnung, in manchen scheinbar unerklärlichen Untugenden wie Kläffen, Winseln, Heulen, Benagen von Teppichen und Stuhlbeinen und schließlich in Krankheitssymptomen. Damit ist der Hund für uns, aber auch für unsere Nachbarn, zum Ärgernis geworden. Wir geben das lästig gewordene Tier schließlich weg, oder wir lassen es vom Tierarzt einschläfern.

Dieser Vorgang wiederholt sich immer wieder. Besonders bei Leuten, die ihren Hund voreilig als ein Statussymbol kaufen im Sinne eines beweglichen Prunkstücks oder einer Auto-Maskotte. Auch wenn ein Hund angeschafft wird, damit das Kind einen Spielgefährten erhält, geht die Sache meist schief. Hierbei liegt der Fehler nicht selten in der unsachlichen Information der Massenmedien.

Wer Kindern einen Hund als Erziehungsmittel kauft, weil das Kind daran lernen soll, für etwas verantwortlich zu sein, überfordert das Kind. Es sei denn, der Erwachsene ist bereit, für das Kind einzuspringen, wenn es seiner Aufgabe aus irgendwelchen Gründen nicht gewachsen ist. Kritische Entwicklungsphasen (Pubertät), anderweitige Ablenkung und die von den Erwachsenen vielfach unterschätzten Kindersorgen können es nämlich davon abhalten, seine Aufgabe, die »Brutpflege«, die ja ein typisches Merkmal des Erwachsenseins ist, zu erfüllen. Tadel oder Strafe sind dann fehl am Platz; sie wecken im Kind nur schlechte Gefühle dem Hund gegenüber. Hingegen lernt es am Beispiel der Eltern, wenn sie in schwierigen Zeiten für das Kind einspringen und den Hund pflegen und beschäftigen.

Wo immer Probleme auftreten, liegen sie meist im Verhältnis der Eltern und im Familienklima begründet. Unser Familienleben sollte also ein Mindestmaß an Harmonie aufweisen. Mit einem Hund läßt sich weder einem verwahrlosten Kind helfen, noch eine zerrüttete Ehe flicken. Wir sollten in unserem Zweibeiner-Rudel schon Ordnung haben, bevor wir darin einen Vierbeiner integrieren. Denn so ein Ex-Wolf ist sehr traurig und unsicher, wenn er spürt, daß er nicht am richtigen Platz ist. Und es ist dann der Mensch, der ihn daran hindert, ein rechter Hund zu sein: ein in sein Rudel eingeordneter, angepaßter und deshalb auch angenehmerer »Canis familiaris«.

Wird der Deutsche Schäferhund von alleinstehenden oder in Partnerschaft lebenden Hundefreunden angeschafft, hat das für die Familie Gesagte natürlich ebenfalls sinngemäß Geltung.

In jedem Falle sollten jedoch die im Kästchen (S. 13) angeführten Abklärungen vor dem Kauf erfolgen.

Rüde oder Hündin?

Bei der Entscheidung, ob wir einem Rüden oder einer Hündin den Vorzug geben wollen, können wir uns ruhig von unseren Gefühlen leiten lassen. Denn die Erfahrung zeigt, daß sich die Vor- und Nachteile beim weiblichen und männlichen Tier in der Regel aufheben. Jedenfalls sind Hundehalter, die nach mehreren Rüden zu einer Hündin übergehen, mit dieser genauso zufrieden und umgekehrt.

Die Läufigkeit der Hündin, welche normalerweise zweimal jährlich auftritt, bedeutet kein allzugroßes Handicap, wogegen die bei manchen Tieren später sich ergebende Scheinträchtigkeit schon eher unangenehm werden kann. Dies besonders dann, wenn sie abnormal lange dauert. Wer hier näher orientiert sein möchte, wendet sich am besten an den Tierarzt, der auch über eine allfällige Kastration der Hündin Bescheid weiß. Von einer Frühkastration der Hündin (vor der ersten Läufigkeit) raten wir jedoch dringend ab. Dieses Problem wurde von der zentralen Zuchtstätte der Vereinigung der Blindenführhundeschulen Englands, wo pro Jahr achthundert Welpen aufgezogen werden, eingehend untersucht. Das Ergebnis bezüglich der Frühkastration war in hohem Maße beunruhigend.

Charakterlich weichen die beiden Geschlechter beim Hund wenig voneinander ab. Daß Hündinnen immer anhänglicher und folgsamer seien als Rüden, stimmt nicht. Und daß der erwachsene Rüde eher zum Raufen neige als die Hündin, ist nur bedingt richtig. Mag der Rüde auch mehr zum Imponieren und Anrempeln motiviert sein – wenn dies eine Hündin tut, ist sie dabei bedeutend intensiver und ernsthafter.

Ein Tag im Leben eines jungen Deutschen Schäferhundes

Frühmorgens
Arco darf in den Garten. Vielleicht wird er auch zu einem Versäuberungsplatz geführt. Das dauert dann länger (5 bis 20 Minuten) und ist natürlich viel schöner.
Zu Hause erhält er vom weggehenden Meister einen kleinen Leckerbissen, worauf er sich zufrieden einrollt und weiterschläft.

Tagsüber im Hause
Um 9.00 Uhr verlegt Arco seinen Schlafplatz auf den Balkon, weil dort die Sonne scheint. Später, bei wachsender Hitze, wechselt er an einen kühlen Schattenplatz in der Wohnung. Arco weiß genau, welche Räume er betreten darf und welche nicht. Er weiß auch, wo er schnüffeln darf und daß er Stühle und Sessel nicht zu besteigen hat.

Der tägliche Spaziergang
Arco freut sich die ganze Zeit über auf den Spaziergang, der meist zur gleichen Stunde stattfindet. Er ist darauf so eingestellt, daß sich auch seine Verdauung danach richtet. Kaum daß er noch in den Garten macht. Aber in seinem täglichen Revier wird er sich schon nach wenigen Minuten des Schnüffelns und Kontrollierens zu entleeren beginnen. Sein Wohlbehagen ist dabei nicht zu übersehen.

Das tägliche Fressen
Arco erhält seine Schüssel fast immer zu gleicher Stunde vorgesetzt. Diese Regelmäßigkeit gibt dem Hund ein Ziel, auf das er sich ausrichtet. Sie gibt ihm auch Sicherheit, und er verhält sich entsprechend ruhig.

Das tägliche Spiel zu Hause
Irgendwann, vielleicht beim Nachhausekommen eines Familienmitgliedes, wird Arco zum Spielen angeregt, sei es in der Wohnung oder im Garten. Danach hat er seine tägliche »Schmusestunde«, die allerdings nur Minuten dauert und auch später abgehalten werden kann. Der Hund meldet sich dann schon. Auch dies sind Zeitpunkte, die das Tier an die Familie binden.

Der Spaziergang im Dunkeln
Spät abends begleitet Arco die Besitzer auf einem kurzen Rundgang. Er ist nun so aufmerksam wie sonst nie. Sein Schutztrieb wird wach. Er ist beglückt von der Aufgabe, seine Rudelgenossen im Finstern zu begleiten. Zufrieden schläft er später ein.

Wer nun nicht sicher ist, wie er sich entscheiden soll, sucht am besten das Gespräch mit dem Züchter seiner Wahl. Er wird ihn sicher gut beraten.

Vor der Anschaffung ist abzuklären:

1. Läßt der Mietvertrag für unsere Wohnung die Haltung eines Hundes zu?

2. Reagiert ein Familienmitglied auf Hundehaar allergisch?

3. Ist Gelegenheit zum Versäubern des Hundes in Wohnnähe vorhanden? Wo genau?

4. Ist man bereit, die Haltungskosten aufzubringen? Man tut gut daran, dafür jährlich Fr./DM 3000.– zu budgetieren.

5. Was sieht man für die Ferien vor? Will man ihn mitnehmen? Kennt man ein Hunde-Ferienheim? (Früh genug vorbestellen!)

6. Sind die für die Sauberhaltung der Wohnung Verantwortlichen bereit, die durch die Hundehaltung entstehende Mehrarbeit zu leisten?

7. Nimmt man in Kauf, daß man bei einigen Verwandten und Bekannten nicht mehr ein gern gesehener Gast sein wird mit dem Hund?

3. Die Wahl des Züchters

Mit dem Kauf des Welpen bei einem seriösen Züchter setzen wir das Risiko für spätere unliebsame Überraschungen in bezug auf Wesensveranlagung und Gesundheitszustand erheblich herab. Dennoch müssen wir uns darüber klar sein, daß jeder Hundekauf mit Risiken verbunden bleibt.

Bei der Wahl des Züchters ist es von Vorteil, wenn wir seine Arbeit und die damit verbundene Verantwortung näher kennen. Wir können uns dann selbst ein Urteil bilden und aufgrund dessen einen verantwortungsbewußten Züchter oder eine Züchterin ausfindig machen.

Was tut der Züchter?

Im Gegensatz zur mehr oder weniger zufälligen Vermehrung von Hunden steht die Zucht von Rassehunden. Durch gezielte Auswahl der Elterntiere versucht sie, möglichst gesunde, anatomisch ausgewogene und wesenssichere Hunde zu erhalten. Das ist einfacher gesagt als getan. Genetik, die Lehre von der Vererbung, ist eine heikle Wissenschaft. Ein einzelner Züchter vermag sich in den seltensten Fällen eingehend damit zu befassen. Aber ein Rasseklub als Organisation kann sich doch soweit orientieren und innerhalb des Zuchtgeschehens der eigenen Rasse einen Überblick verschaffen, daß gute Zuchtresultate nicht ausbleiben. Der Rassezüchter kann nun Anteil nehmen an diesem hergebrachten Wissen, an den Erfahrungen, die über viele Hundegenerationen zurückreichen.

Als Züchtermitglied seines Rassevereins begibt er sich freiwillig in den Bereich der kontrollierten Hundezucht, indem er sich bereiterklärt, die vom Rasseklub aufgestellten Bedingungen zu erfüllen, welche in der Zuchtordnung zusammengefaßt sind. Damit nimmt er schwerwiegende Verpflichtungen auf sich, wie etwa die Beschränkung der Wurfzahl zur Schonung des Muttertieres oder die veterinärmedizinische Untersuchung der Elterntiere auf gewisse Erbkrankheiten. All dies schmälert immer wieder den Gewinn, den er aus der Zucht zu lösen imstande wäre. Es ist eine Tatsache, daß seriöse Züchter nicht reich werden durch den Verkauf ihrer Welpen. Finanzieller Erfolg kann somit nicht das Motiv sein, das einen Züchter weitermachen läßt, selbst wenn sich – was unabänderlich ist – zeitweise Mißerfolge einstellen. Es gehört da schon sehr viel Freude an der Sache selbst dazu. Kein Züchter kommt ohne sie aus.

Auswahl der Elterntiere

Es gibt Privatleute, die eine Hündin besitzen, und die auch gerne einmal einen Wurf von ihr haben möchten. Wenn das Tier vom Rasseklub nach Prüfung der äußeren und inneren Verfassung, der sogenannten Ankörung, zur Zucht zugelassen wird, steht dem nichts entgegen. Solche Leute sind zwar nicht eigentliche Züchter, aber sie können es durchaus noch werden: Mancher Züchter hat auf diese Weise angefangen und ist später nicht mehr losgekommen vom Reiz, der in dieser Be-

Mutterhündin mit Wurf am ersten Lebenstag der Welpen.

Hier sind die Welpen vier Wochen alt. Der Züchter oder die Züchterin haben zur gutgehaltenen Hündin einen passenden Rüden gewählt. Sie sorgen dafür, daß die Welpen unter optimalen Bedingungen aufwachsen.

Verantwortungsbewußte Züchter bieten ihren Welpen viele Kontakte zu jenem Umfeld, das sie später bei den Besitzern erwartet. Dazu gehört die Gewöhnung an Menschen aller Art, auch an Kinder.

schäftigung liegt. Züchter im eigentlichen Sinne sind jene Leute, die versuchen, auf Jahre hinaus eine Reihe von Würfen zu planen. Da gibt es manches zu überlegen und allerhand in Kauf zu nehmen. Zu alledem braucht es noch Glück, um besonderen Erfolg zu haben, und dieses Glück läßt meistens länger auf sich warten. Nicht jedem Züchter gelingt es, einen Landes-Sieger oder gar einen Weltsieger hervorzubringen. Das ist natürlich auch nicht nötig, um gute und gesunde Welpen anbieten zu können. Aber es ist verständlicherweise der heimliche Wunsch eines jeden Züchters, auch einmal an die Spitze zu gelangen. Der Züchteralltag hingegen ist geprägt von immerwährender Sorge und Arbeit. Es gilt, die Zuchttiere und die Welpen zu hegen und zu pflegen. Und ab und zu sind auch harte Entscheidungen zu treffen. Da hat man eine besonders liebenswerte Hündin, in die man Hoffnungen setzte, die jedoch nur sehr mittelmäßige Welpen bringt. Will man nun wirklich weiterkommen mit der Zucht, sieht man sich gezwungen, das Tier an einen guten Platz zu geben. Schließlich kann man nicht alle Hunde behalten. Auch die Welpen gibt man ja weg, und bei diesem Vorgang kann es einem Züchter manchmal recht schwer ums Herz werden.

Auf die Kinderstube kommt es an

Beginnt eine Hündin am Ende ihrer Trächtigkeit zu werfen, hebt für den Züchter eine anstrengende Zeit an. Was in den nun kommenden zehn bis zwölf Wochen geschieht, ist für die Entwicklung der Welpen in hohem Maße entscheidend. Die gute Pflege und Er-

Auf die Kinderstube kommt es an. Woran sich der Welpe in seinen ersten 12 Lebenswochen gewöhnen kann, das wird ihm später immer vertraut sein.

nährung der Hündin macht sich nun bezahlt, ebenso das sorgfältige Zufüttern der Welpen, wenn sie älter werden. Damit ist es jedoch nicht getan. Der fortschrittliche Züchter weiß, daß er sich auch um die innere Entwicklung der Welpen, um ihre Wesensbildung zu kümmern hat. In den ersten zwanzig Tagen besorgt zwar die Hündin normalerweise alles selbst. Dann aber beginnen ihre Jungen zusehends selbständig zu werden, und jetzt darf man sie nicht mehr ganz sich selbst überlassen. Der Züchter muß sich mit ihnen in sinnvoller Weise beschäftigen, damit sie sich an Menschen und alle möglichen Umwelterscheinungen gewöhnen. Was sie jetzt nicht in irgendeiner Weise erleben, wird ihnen später ungewohnt sein und sie belasten, möglicherweise gar erschrecken. Denn so aufnahmefähig wie in den ersten 12 Lebenswochen werden die Hundekinder später nie mehr sein. Deshalb bemüht sich der Züchter um eine weitgehende Gewöhnung der Welpen an die später zu erwartende Umwelt.

Es ist demnach nicht günstig für die Entwicklung der Welpen, wenn ein Zwinger völlig abseits liegt. Besser wäre es, wenn schon die Lage des Zwingers zu vielen Kontakten füh

Der gute Kontakt der Züchterin oder des Züchters zu den Welpen bietet Garantie dafür, daß wir einen verträglichen vierbeinigen Partner erhalten.

ren würde. Kontakte mit Geräuschen, optischen Erscheinungen und zu möglichst vielen und verschiedenen Menschen, auch zu Kindern.

Ist sein Zwinger abseits gelegen, wird jedoch der verständnisvolle Züchter dafür sorgen, daß diese Kontakte dennoch stattfinden, was mit erheblicher Mehrarbeit verbunden ist.

All das gehört, wie gesagt, genauso zur Pflege der Welpen wie ihre Fütterung, die Entwurmung und die Impfungen. Die Arbeit geht dem Züchter nicht aus. Und Sorgen gibt es immer neue. Das Gespenst einer epidemischen Erkrankung ist nie ganz zu bannen. Die allergrößte Sorge jedoch steht dem Züchter noch bevor. Wer wird die Welpen kaufen?

Bevor wir auf diese Frage eingehen, werfen wir jedoch einen Blick auf die Entwicklungsphasen der Welpen (Tabelle S. 21). Auch darüber sollten wir ein wenig informiert sein, damit wir unnötige Fehler beim Aufziehen unseres Welpen verhüten können.

Die Beratung des Käufers durch den Züchter

Schon vor Wochen hat der Züchter seine Jungtiere ausgeschrieben, und er wartet nun auf das Ergebnis seiner Bemühungen. Je nach Jahreszeit und der gegenwärtigen Popularität der Rasse wird sich der Absatz der Welpen leichter oder schwerer gestalten. Der langjährige Züchter ist hier im Vorteil, kann er doch auf die Empfehlung durch seine früheren Kunden zählen, sofern diese mit ihm und ihren Deutschen Schäferhunden zufrieden waren. Schon aus diesem Grunde liegt es im

Interesse des Rassezüchters, das Vertrauen seiner Kunden zu gewinnen und zu erhalten.

Was man im Verkehr mit den Käufern erlebt, kann zuweilen an die Nerven gehen. Da will jemand nur stubenreine Hunde kaufen, die überdies mit Sicherheit wachsam sein und niemals kläffen werden: alles Dinge, die in gleichem Maße von der Haltung durch den Besitzer wie von der Aufzucht abhängen. Manche Leute verlangen absolut gesunde Tiere, die garantiert keine Fehler aufweisen und gute Ausstellungsresultate bringen werden. So etwas läßt sich nie voraussehen. Es ist überhaupt so manches ungewiß, was später sein wird. Ein Hund ist eben keine technische Konstruktion, sondern ein Lebewesen. Der Züchter weiß es aus Erfahrung, und er versucht, die Käufer zu orientieren. Bei vielen stößt er damit auf Verständnis, bei anderen nicht. Dabei kommt man um die Tatsache nicht herum, daß Erbkrankheiten, wie etwa die Veränderung der Hüftgelenke (Dysplasie), erst Monate später auftreten und beim Welpen noch nicht zu erkennen sind. Das einzige, was der Züchter in dieser Beziehung vorkehren kann: Er achtet darauf, daß die Elterntiere und deren Vorfahren möglichst wenig mit solchen Erbkrankheiten belastet sind. Das läßt sich anhand der Zuchtunterlagen nachweisen, was der verantwortungsbewußte Züchter dem Käufer gegenüber auch tut. Er legt ihm auch die Stammbäume der Elterntiere vor, damit sich der künftige Besitzer davon überzeugen kann, daß er wirklich ein rassereines Tier erwirbt, das im Stammbuch der zuständigen kynologischen Landesorganisation (Adressen siehe Anhang) eingetragen und damit auch von der FCI, der internationalen Dachorganisation, anerkannt ist. Das bedeutet, daß mit diesem Tier später der Zugang zu Ausstellungen und zum Hundesport uneingeschränkt offen steht. Mit einer solchen Orientierung hat der Züchter nun alles getan, was in seiner Macht liegt, um den Käufer fair und gut zu bedienen.

Wie sich das erworbene Tier aber entwickeln wird, kann er nicht voraussagen, es läßt sich dies in der einen oder anderen Hinsicht höchstens vermuten. Ohne Risiko kann man eben keinen Hund kaufen. Aber der Kauf beim seriösen Rassezüchter setzt dieses Risiko erheblich herab. Das gilt nicht nur für die Gesundheit, sondern auch für den Charakter, das Wesen eines Hundes.

Hundekauf ist Vertrauenssache. Die beste Basis für den Käufer ist das Vertrauen, das er zu seinem Züchter gewinnt. Er sollte schon deshalb nicht nur einmal den Zwinger besuchen, sondern mehrmals. Der gute Züchter wird sich darüber freuen. Und er wird auch später für den Käufer ein vertrauter Helfer und Berater sein, wenn es um Ernährungs- oder Erziehungsfragen geht. Denn er bleibt zeitlebens interessiert am Wohlergehen der Welpen aus seiner Zucht.

Unser Kontakt zum Züchter

Wer einmal eine Vorliebe für den Deutschen Schäferhund gefaßt hat, der uns von seiner markanten Erscheinung her gefällt, und der uns als Welpe mit seinen dunklen Augen so treuherzig anzublicken vermag, der wird sich kaum von Argumenten abbringen lassen, ihn auch anzuschaffen. Selbst nach all den vorausgegangenen Überlegungen wird er am Entschluß festhalten, und es bleibt uns nur noch übrig, ihn auf das bestmögliche Vorgehen beim Kauf hinzuweisen.

Wie wir gesehen haben, ist der anerkannte Züchter jener Fachmann, der uns am ehesten Gewähr dafür bietet, einen guten Kauf zu tun. Wir finden ihn leicht, wenn wir bei den zuständigen Rasseklubs (Adressen siehe Anhang) die Züchterliste verlangen, wobei wir auch erfahren können, wo zur Zeit Würfe stehen. Wir können uns aber auch anhand der kynologischen Fachblätter orientieren.

Zwar lassen sich Hunde auch über den Katalog eines Versandgeschäftes bestellen, in einer Zoohandlung oder beim Hundehändler kaufen. Auch in Tageszeitungen werden Hunde angeboten, doch nur ganz selten von wirklichen Züchtern. Bei all diesen Angeboten wissen wir nie genau, wie das Tier aufgewachsen ist, ob es fachgerechter Pflege und Fütterung sowie einer günstigen Beeinflussung durch die Umwelt teilhaft geworden ist. Freilich sind solche Tiere oft billiger, aber häufig hat man später dem Tierarzt mehr als die Preisdifferenz zu bezahlen. Auch verfügen jene Hunde nur ausnahmsweise über einen Stammbaum, so daß das Mitmachen im Hundesport nur sehr beschränkt möglich ist und die Teilnahme an Ausstellungen gänzlich außer Frage steht.

Der wichtigste Grund für den Kauf beim Züchter liegt jedoch darin, daß wir die Aufzucht unseres Welpen verfolgen können. Wir lernen den Züchter im Gespräch kennen und können uns ein Bild von seiner Persönlichkeit machen. Sehr zu empfehlen ist es, mehr als eine Zuchtstätte zu besuchen. Einerseits kommen wir so zu einigen netten Familienausflügen, andererseits lernen wir dabei bedeutend mehr, als wir aus Büchern zum Thema erfahren.

Wir können jetzt die verschiedenen Verhältnisse vergleichen. Dort wo wir das größte Vertrauen gefaßt haben, werden wir dann unseren Welpen aussuchen. Wichtig wäre es, den Wurf nicht nur einmal zu besuchen und zu beobachten, denn die Welpen sind nicht immer in der gleichen Verfassung. Ein Tier, das heute ausgesprochen matt wirkt, kann sich morgen temperamentvoll zeigen. Ob wir schließlich jenen Welpen wählen, der uns stets als erster entgegenspringt, oder jenen, der sich gegenüber den Wurfgeschwistern am dominantesten gebärdet, ist nicht so bedeutend. Oft ist übrigens nur noch ein Tier übriggeblieben, und auch dieses kann für uns genau das richtige sein. Hören wir, was uns der Züchter über die einzelnen Welpen zu sagen hat. Allerdings sollten wir niemals einen Welpen wählen, der sich als überaus scheu und schreckhaft erweist. Man läuft leicht Gefahr, gerade zu solch benachteiligten kleinen Hunden eine besonders starke Zuneigung zu fassen; Gefühle des Bedauerns und des Mitleids sind jedoch beim Hundekauf die allerschlechtesten Ratgeber. Vergessen wir nicht, daß wir an die zehn Jahre mit dem ausgewählten Hund zubringen werden. Wir möchten ja Freude mit unserem Vierbeiner erleben und nicht dauernd Schwierigkeiten mit ihm haben. Dies ist bei wesensschwachen Tieren aber nicht selten der Fall.

Die Entwicklungsphasen des Welpen bis zum Junghund

Zeit	Entwicklungsphase	Körperliche Entwicklung	Verhalten	Konsequenzen
minus 63 Tage	Deckakt	Das Erbgut setzt sich zusammen	Erbliche Vorbestimmung der späteren Wesensart	Die Wahl der Elterntiere wirkt sich aus
Tage 63 bis zur Geburt	Tragzeit	Heranwachsen des Embryos bis zur Geburt		Die Entwicklung hängt vom Wohlbefinden der Mutter ab
Tag null	Geburt	Der Stoffwechsel wird vom Welpen übernommen	Die Mutter entfernt instinktiv die Fruchthülle und nabelt ab	Schwierigkeiten bei der Geburt können die weitere Entwicklung beeinträchtigen
Tage null bis 21	»Neonatale Phase« des Nesthockers	Die Mutter sorgt durch Lecken des Bauches für die Entleerung. Sie frißt die Exkremente und hält den Wurf sauber	Wärmeempfinden und Geruchsvermögen lassen den Welpen die Mutter suchen und die Zitzen finden. Er bewegt sich dabei mit den Vorderbeinen und pendelt mit dem Kopf hin und her (robben) Hörfähigkeit noch fraglich	Ohne angeborenes Saugen und Aufsuchen der Mutter könnte der Welpe nicht am Leben bleiben
vom 4. bis 12. Tag		Nach und nach öffnen sich die Ohren		
vom 8. bis 14. Tag		Nach und nach öffnen sich die Augen	Anfänglich noch kaum sehfähig, aber bis zum 21. Tag wird die Sehfähigkeit erreicht	Fortbewegung wird gezielter, erfolgt aber noch pendelnd und »robbend«
Tag 22 bis 28 4. Woche	Sensibles Aufnehmen der Umwelt	Das Hirn ist funktionsfähig, reift bis zur 7. Lebenswoche aus	Die Fortbewegung erfolgt nicht mehr durch robben. Der Welpe reagiert stark auf Umwelterscheinungen	Der Welpe sollte nicht aus dem Wurf entfernt und möglichst in Ruhe gelassen werden
5. bis 7. Woche	Welpenwachstum	Rasch zunehmende Beweglichkeit des Körpers. Lernfähigkeit ist etabliert.	Erhöhte Aufmerksamkeit und Aktivität. Es bilden sich Gewohnheiten. Sozialisierung mit Geschwistern und Menschen	Welpe muß mit Menschen in Kontakt kommen und beschäftigt werden
Ende 8. Woche	Mögliche Abgabe an Besitzer	Der Welpe ist genügend entwickelt und entwöhnt	Er schließt sich leicht an neue dominante Partner an. Aber die Rangordnungsphase hat er noch nicht erlebt	Bei Übernahme in dieser Zeit muß für viel Kontakt mit anderen Hunden gesorgt werden
8. bis 12. Woche	Rangordnungsphase	Beim intensiven Spielen und Rammeln entwickeln sich Muskulatur und Bewegungskoordination	Das Hirn ist voll entwickelt, nur die Erfahrung fehlt. Bei den Rangordnungskämpfen geschieht ein wichtiger Teil der Sozialisierung	Das Erleben der Rangordnungsphase im Wurf prägt das normale Verhalten gegenüber anderen Hunden
12. Woche und Monate 4 bis 5	Mögliche Abgabe an Besitzer (später ungünstig)	Der Welpe ist in jeder Beziehung gut entwickelt und nach guter Aufzucht auch robust	Der Welpe versucht sich – je nach seiner individuellen Veranlagung – stark oder weniger stark durchzusetzen	Das Einordnen ins »Familienrudel« sollte klar und konsequent erfolgen
Monate 6 bis 9	Pubertät	Reifen der Fortpflanzungsfähigkeit	Sensibilität und »Trotzverhalten«	Geduld und Konsequenz sind erforderlich
bis 1½ Jahre	Endentwicklung	Ergänzendes Wachstum	Das persönliche Wesensbild des Hundes zeichnet sich ab	Sinnvolle Beschäftigung des Hundes fördert ein den Verhältnissen angepaßtes Verhalten

4. Der Welpe kommt nach Hause

Es lohnt sich, wenn wir uns auf den Tag der Übernahme des Welpen gut vorbereiten. Denn wenn wir jetzt grobe Fehler machen, wirkt sich das oft lange Zeit aus. Wir dürfen nicht vergessen, daß alles Neuartige den Hund stark beeindruckt. Er ist dann sehr aufmerksam, und was er erlebt, prägt sich ihm ein.

Wir sollten demnach einiges wissen und vorausplanen, bevor es soweit ist, und wir voller Freude, aber mangelhaft informiert, den Welpen unter den Arm nehmen und nach Hause bringen.

Einmal hat das Alter bei der Übernahme gewisse Konsequenzen. Dann sollte man noch bei und mit dem Züchter den Welpen einer Kontrolle unterziehen. Damit sparen wir uns unter Umständen eine Menge Ärger und Umtriebe. Die Art und Weise wie wir den Transport des kleinen Hundes vornehmen, muß ebenfalls überlegt sein. Und schließlich ist es von entscheidender Bedeutung, wie wir das Schäferhund-Kind bei uns zu Hause einführen.

Wie alt soll der Welpe bei der Übernahme sein?

Es ist nicht gleichgültig, in welchem Alter ein Welpe vom Züchter übernommen wird. Die Erforschung der Entwicklungsphasen des Hundes von der Geburt bis zu einem Alter von etwa zwölf Wochen hat mit aller Deutlichkeit gezeigt, wie bedeutsam diese frühe und kurze Lebens-Spanne für das spätere Verhalten des erwachsenen Tieres ist. Denn es handelt sich um eine Zeit – vergleichbar einer Prägungsphase –, wo die Welpen unglaublich aufnahmefähig sind. Was sie jetzt erleben, bleibt ihnen immer vertraut, was sie jetzt nicht erfahren können, wird sie ihr Leben lang belasten und womöglich frustrieren.

Bei uns ist es üblich, den Welpen mit acht, zehn oder zwölf Wochen zu übernehmen. Jede dieser Altersstufen ist vertretbar, bringt aber doch einige Vor- und Nachteile mit sich.

Übernahme mit acht Wochen
Der achtwöchige Welpe hat noch wenig Gelegenheit gehabt, sich mit seinen Geschwistern auseinanderzusetzen, steht er doch zu dieser Zeit erst am Anfang der sogenannten Sozialisierungsphase. Aber er fühlt sich mit dem Muttertier noch sehr stark verbunden. Nehmen wir ihn jetzt zu uns, sollten wir ihm weiterhin Kontakte zu möglichst vielen anderen jungen Hunden bieten und ihn bei solchen Begegnungen ganz sich selbst überlassen. Dann lernt er aus eigener Erfahrung, wie er sich gegenüber Artgenossen zu benehmen hat, um von ihnen akzeptiert zu werden. Vorteilhaft ist, daß sich ein von der Mutter noch so abhängiges Tier sehr rasch und nachhaltig dem Besitzer und seiner Familie anschließt. Es empfiehlt sich, dort den Welpen in diesem Alter zu übernehmen, wo der Züchter wenig Zeit aufwendet, um sich mit dem Wurf zu beschäftigen, und wo zudem der Zwinger in einer Umgebung liegt, die den Welpen nur spärlich Abwechslung bietet.

Übernahme mit zehn Wochen

Nun ist der Welpe schon besser geübt im sozialen Verhalten gegenüber seinen Geschwistern und damit auch gegenüber anderen Artgenossen, hatte er doch Gelegenheit, sich nach Lust und Laune herumzubalgen. Dabei lernte er, wie man sich als Hundekind benehmen muß, um aus diesen oft rauhen Auseinandersetzungen im Wurf ohne Schaden zu nehmen hervorzugehen. Anders ausgedrückt: Er ist im Umgang mit seinesgleichen sicher geworden.

Das ist entscheidend für den Verlauf späterer Begegnungen mit fremden Hunden. Ein weiterer Vorteil besteht darin, daß die Entwurmung und die Grundimpfung noch beim Züchter erfolgen konnten. Auch ist ein solcher Welpe immer noch sehr leicht zu beeinflussen und wird schnell anhänglich gegenüber der Besitzerfamilie. Alles in allem ist somit das Alter von zehn Lebenswochen ein günstiger Zeitpunkt zur Übernahme.

Übernahme mit zwölf Wochen

Mit zwölf Wochen erhält man in der Regel einen Hund, der ganz vorzüglich sozialisiert mit Artgenossen ist und in dieser Beziehung später keine Probleme aufgeben dürfte. Aber einzelne Tiere haben in diesem Alter schon eine ausgeprägte Selbständigkeit erreicht, da ja die Abwendung von der Mutterhündin meist schon erfolgt ist. Man muß somit einen solchen Junghund von Anfang an besonders konsequent behandeln und klar im Familienbereich einordnen. Denn der kleine Hund schließt sich nun nicht ohne weiteres von selbst dem Besitzer an, weil er noch viel Wärme und Zuwendung benötigt, sondern er fügt sich dort ein, wo ihm deutlich gemacht wird,

Mit der Übernahme des Welpen geht die Verantwortung auf die Besitzer über. Um dieser Aufgabe gerecht zu sein, benötigt man grundlegende Kenntnisse.

was er tun darf und was nicht. Das heißt, er bedarf schon der Führung. Das bedeutet natürlich nicht, daß man grob mit ihm zu sein hat. Doch sollten ihm nun neben allen Freiheiten, die ihm zu gewähren sind, auch Tabus gesetzt werden. Gerade dies verleiht ihm dann jene Sicherheit, die ihn zu einem fröhlichen und angenehmen Hund werden lassen.

Ungünstiges Übernahmealter

Einen Welpen früher als mit acht Wochen zu übernehmen ist nicht ratsam, weil solche Tiere noch zu wenig Gewöhnung im Umgang mit den Geschwistern erlangen konnten. Damit sind für spätere Lebensphasen Schwierigkeiten im Verkehr mit anderen Hunden vorprogrammiert. Sie zeigen sich darin, daß Neigung zu Raufereien besteht, oder daß solche Hunde infolge ihrer Unsicherheit ständig von anderen Hunden angegangen werden. Übernimmt man einen Welpen später als mit sechzehn Wochen, können sich je nach Haltungsweise im Zwinger erhebliche Wesensmängel herausbilden, welche die Haltung erschweren. Das ist besonders dann der Fall, wenn die jungen Hunde neben älteren Tieren gehalten werden, die sie dann häufig drangsalieren.

Die Kontrolle bei der Übernahme

Gemeinsam mit dem Züchter werden wir nochmals den Gesundheitszustand des Welpen überprüfen. Ist das kleine Tier munter wie üblich? Sind seine Augen klar oder gerötet? Weisen sie Ausfluß auf? Kratzt sich der Welpe übermäßig? Ist das Fell in Ordnung, sind keine Schürf- oder Schorfstellen sichtbar? Pinkelt der Welpe allzuoft? Ist sein Exkrement normal? Gibt es Anzeichen von Wurmbefall (verschmutzte Afterregion, Afterrutschen oder Afterlecken)? Sind beim Rüden beide Hoden fühlbar? Damit sind wir bei der rechtlichen Seite der Übergabe angelangt. Ist der Welpe für gut befunden, bezahlt und abgeholt worden, besteht nur noch bedingt Gewähr für erst später erkennbare Mängel. Wir sind dann völlig auf den guten Willen des Züchters angewiesen. Der seriöse Züchter wird unsere Erwartungen in dieser Beziehung immer erfüllen, ein Händler (der sich oft auch Züchter nennt) oder ein Versandgeschäft in der Regel

nicht. Höchstens wird uns hier ein Ersatzwelpe angeboten, und darauf gehen wir bei einem Welpen, der uns schon lieb geworden ist, kaum ein. Schließlich ist der Hund für uns mehr als nur eine Ware.

Der Kauf eines erwachsenen Deutschen Schäferhundes

Grundsätzlich geht man bei der Übernahme eines erwachsenen Deutschen Schäferhundes analog zu dem vor, was hier für den Welpen gesagt worden ist. Es ist an sich erfreulich, daß die meisten Schäferhunde, die an ihrem ersten Platz keinen dauernden Aufenthalt finden konnten, von Familien aufgenommen werden. Aber die Erfahrung lehrt uns, daß solche Tiere am neuen Platz einige Zeit benötigen, bis sie sich ganz eingelebt haben. Bei Hunden über eineinhalb Jahren dauert das in der Regel ganze sechs Monate. In dieser Zeitspanne scheinen – vom Besitzer aus betrachtet – einige Veränderungen im Verhalten des vierbeinigen Familienmitgliedes vorzugehen. Nur selten bleibt der Hund so, wie er auf den ersten Eindruck hin zu sein schien, als man ihn abholte.

Damals befand er sich in einer völlig anderen Situation, an die er sich gewöhnt hatte, und wo andere Bezugspersonen zugegen waren. Nun aber kommt er zu uns in eine veränderte Umgebung, die ihm erst nach und nach vertraut wird. Hier versucht er nun dauernd, sich zu orientieren, und dazu fällt ihm allerhand ein. Zuerst ist er dabei recht unsicher, doch je nach Veranlagung wird er früher oder später mit mehr Entschlossenheit vorgehen, was dann wie zunehmender Eigensinn aussieht. Haben wir keine Ahnung, unter welchen Bedingungen unser Hund früher gelebt hat, können wir auch nicht wissen, was für Untugenden – zuweilen freilich auch Tugenden – in Zukunft wieder auftauchen werden. Es empfiehlt sich in dieser Zeit der Angewöhnung, den Hund nicht sich selbst zu überlassen, sondern sich gezielt mit ihm zu beschäftigen.

Der Besuch eines Erziehungskurses böte dazu eine gute Gelegenheit. Es läßt sich auch aus einem guten Buch über Hundehaltung einiges darüber lernen, wie man mehr Einfluß auf einen Hund gewinnt (z. B. Urs Ochsenbein, ABC für Hundebesitzer, Müller Rüschlikon Verlags AG, Cham, 3. Auflage 1993). Wichtig ist: Je schneller wir einen guten Kontakt zum Hund erreichen, desto besser sind wir auch in der Lage, einzuschreiten, wenn der Hund überraschenderweise in eine alte, uns völlig unbekannte schlechte Gewohnheit verfällt. Nur mit sofortigem Reagieren beim ersten Wiederauftauchen früher angenommener Untugenden haben wir eine Chance, diese wieder zum Verschwinden zu bringen. Handle es sich nun um das Benagen von Teppichen, das Schnappen nach Passanten oder das Nachrennen bei allen denkbaren Vehikeln, die sich im Gelände bewegen. Ist es dem Hund mangels Aufmerksamkeit des neuen Besitzers dagegen möglich, mehrmals der alten schlechten Gewohnheit ungestraft zu frönen, dann wird es außerordentlich schwierig, ihn je noch davon abzubringen.

Für den Transport und die Ankunft zu Hause gilt für den erwachsenen Schäferhund sinngemäß dasselbe, was im folgenden für den Welpen empfohlen wird.

Die Fahrt nach Hause

Holen wir unseren Welpen mit dem Auto nach Hause, so sollten wir ihn mit einer Person auf dem Rücksitz unterbringen, die ihn betreut und mit einem Tuchfetzen oder einem anderen vertrauten Gegenstand aus dem Zwinger mit ihm spielt. Nun fahren wir nicht allzu rasant, halten nach fünf Minuten an und spazieren ein wenig mit unserer Neuerwerbung. Erst

Auf der Fahrt nach Hause wird der Welpe von einer Person betreut. Unterwegs wird die Fahrt mehrmals unterbrochen, um den Welpen im Freien zu bewegen.

jetzt setzen wir die Reise fort, wobei wir den Kleinen ständig beobachten. Zeigt er Speichelfluß, verrät er auf irgendeine Weise, daß ihm nicht wohl ist, unterbrechen wir die Fahrt erneut für einige Minuten. Es ist sehr wichtig, daß die erste Fahrt im Auto unserem Hund nicht zu einem Schreckenserlebnis wird. Das könnte zur Folge haben, daß er für längere Zeit das Autofahren nicht mehr erträgt und dabei dauernd erbricht.

Ankunft zu Hause

Zu Hause angekommen, betreten wir das Haus und die Wohnung nicht sofort, sondern lassen den Welpen im Garten oder in Hausnähe an jener Stelle länger verweilen, wo er auch in Zukunft seine kleinen und großen Geschäfte zu verrichten hat. Setzt er Wasser ab, loben wir ihn dabei ausgiebig mit »Brav Brunneli machen« oder ähnlich. In der Wohnung haben wir ihm einen Korb oder eine Kiste bereitgestellt, und zwar an einem Platz, von wo aus er eine gewisse Übersicht auf das familiäre Geschehen genießt. Also beispielsweise im Flur, in den die meisten Türen füh-

ren. Hier darf er sich nun ausschnüffeln, aber auch in allen jenen Räumen, welche ihm ein zuvor abgehaltener Familienrat als frei zu betretendes Gebiet zugesprochen hat. Mit der Nase nimmt der junge Hund auf diese Weise die neue Umgebung auf und macht sich mit ihr vertraut.

Da uns das Gebaren des niedlichen Welpen mit Sicherheit fasziniert, bedienen wir uns des Küchenweckers, damit wir nicht vergessen, den Kleinen jede halbe Stunde auf den Arm zu nehmen und auf den Versäuberungsplatz zu tragen, wo wir jedesmal genau wie bei unserer Ankunft verfahren. In der ersten Nacht lassen wir den Welpen ruhig zu uns ins Schlafzimmer kommen, wenn er nicht in seinem neuen Korb bleiben möchte. Bald wird er von selbst auf seinem Lager verharren. Dort haben wir auch den Stoffetzen oder einen anderen vertrauten Gegenstand aus dem Zwinger hingelegt.

Gehen wir auf diese Weise konsequent vor, dürfte es kaum Schwierigkeiten mit der Stubenreinheit geben. Auch sonst wird sich der Kleine bald gut einleben. Unter günstigen Bedingungen aufgezogene Welpen sind außerordentlich anpassungsfähig.

5. Einfügen des Welpen in den Wohnbereich

Am Ende des vorausgegangenen Kapitels sind wir kurz auf die Vorgänge eingegangen, die sich bei der Ankunft des Welpen beim Besitzer ergeben. Von der Stubenreinheit und dem Schlafplatz war die Rede. Da diese Dinge für das spätere Verhalten des Welpen von entscheidender Bedeutung sind, und weil wir dabei unser eigenes Verhalten dem Auffassungsvermögen des Hundes anzupassen lernen, sei nun nochmals eingehender erklärt, um was es hier geht.

Vergessen wir nicht, daß alles, was für den Hund neu ist, ihn stark beeindruckt.

Kommt er mit unserer Hilfe damit zurecht, lernt er oft unwahrscheinlich rasch. Verlangen wir aber aus Unkenntnis zuviel von ihm, wird er verunsichert und lernt schlecht oder gar nicht.

Die Stubenreinheit

Das Erlangen der Stubenreinheit stellt eine wichtige Stufe der Erziehung dar. Wir sollten darauf achten, daß wir den kleinen Hund dabei nicht überfordern. Das wäre dann der Fall, wenn wir davon ausgingen, man müsse das Sauberbleiben dem Hund befehlen und ihn strafen, wenn er nicht gehorcht. Damit würden wir nur unser Verhältnis zu ihm von Anfang an ganz unnötig belasten, sein Vertrauen zu uns herabsetzen.

Vielmehr sollten wir uns bemühen, den Welpen durch geschicktes Angewöhnen zur Stubenreinheit zu bringen. Dazu dienen uns die folgenden Regeln.

1. Noch bevor wir den Welpen abholen, haben wir im Garten oder in Hausnähe einen geeigneten Platz bestimmt, wo er sich versäubern kann.

2. An diesem Ort soll er bei der Ankunft und in den ersten Tagen in regelmäßigen Zeitabständen getragen werden, anfangs jede halbe Stunde.

3. Auf dem Platz drängt man den Welpen nicht zum Versäubern, sondern nimmt sich alle Zeit, bis er dies von selbst tut.

4. Sobald er Wasser läßt oder Kot absetzt, ertönt unser einschmeichelndes Lob, das leise gegeben werden muß, damit es den Hund nicht ablenkt.

5. Hat er sein kleines oder großes Geschäft erledigt, läßt man ihn noch etwas herumschnüffeln, spielt kurz mit ihm und geht mit ihm ins Haus zurück.

6. Passiert es in den ersten Tagen, daß der Welpe trotz unserer Umsicht im Hause Urin oder Kot absetzt, ist er nicht auszuschimpfen oder gar zu strafen, sondern man trägt ihn dennoch zum Versäuberungsplatz, als wäre nichts geschehen.

7. Sobald sich eine gewisse Sicherheit in der Stubenreinheit abzeichnet, können wir länger warten als eine halbe Stunde, doch sollte trotzdem eine gewisse Regelmäßigkeit innegehalten werden.

8. Sollte sich später einmal der Junghund im Hause versäubern, sollten wir ebenso vorgehen wie unter Punkt 6 beschrieben. Würden wir jetzt strafen oder auch nur schelten, könnte sich dieses unerwünschte Verhalten festsetzen.

9. Beginnt ein Junghund, der schon sehr sicher stubenrein war, sich plötzlich auffallend oft im Hause zu versäubern, sollte man den Tierarzt aufsuchen um festzustellen, ob er krankheitshalber rückfällig geworden ist.

Der Welpe kommt erstmals ins Haus

Hier ist nun alles neu für den Kleinen, und das nimmt er zuerst und vorwiegend mit seiner Nase auf. Das heißt, er beginnt sich schnüffelnd zu orientieren. Dazu sollte man ihm die nötige Zeit lassen. Eine Kinderschar, die nun unbedingt mit dem herzigen Neuling spielen will und ihn von allen Seiten bestürmt, ist für ihn zuviel. Man erklärt am besten jetzt den Kindern, daß das junge Tier Ruhe braucht und ohnehin schon von so vielen neuen Eindrücken fast zu sehr bedrängt wird. Spielen sollte man dann, wenn uns der Hund selbst dazu auffordert, was jeder gesunde Welpe regelmäßig tun wird. Dazwischen benötigt er aber eine Menge Schlaf. Man tut gut daran, die Kinder aufzufordern, zu beobachten, was der Kleine tut und mit uns darüber zu sprechen. Schon jetzt sollte man auch bedenken, daß dieser kleine Kerl in einigen Monaten ein großer Hund sein wird, und daß es dann sehr schwer für uns wie für ihn sein wird, Dinge, die man ihn jetzt tun läßt, wieder abzugewöhnen beziehungsweise zu unterlassen. Also ist es von Vorteil, wenn wir ihn von allem Anfang an jene Räume nicht betreten lassen, die er auch später nicht betreten darf. Auch auf Möbel wie Sofas und Sessel, worauf man ihn in der Zukunft nicht haben möchte, sollte man ihn nicht setzen.

Nicht vergessen darf man, daß der kleine Hund bei all der Aufregung bald Wasser braucht. Ein kleiner Behälter sollte deshalb bereitstehen, und zwar an einer Stelle, die er immer erreichen kann. Die Futterschüssel dagegen ist separat zu halten, so daß der Welpe nur bei den Mahlzeiten Zugang hat. Stellt man sie beispielsweise in die Küche – dies natürlich nur, wenn eine Tür vorhanden ist –, sollte der Hund anfangs aufgehoben und zu seinem Topf getragen werden. Damit bleibt für ihn das Betreten ein Tabu, und er wird später keine Schwierigkeiten machen, wenn man von ihm verlangt, vor der Schwelle zu warten bis sein Napf gefüllt ist. Praktische Fütterungsstellen sind auch Küchenbalkone, sofern sie vor Regen geschützt sind.

Wo soll der Hund sein Lager haben?

Hat man schon zuvor einen Hund gehabt, weiß man aus Erfahrung, wo er gern schlief. Und sein Korb, der auch dann für eine Hundenase noch nach Hund riecht, wenn man die Einlage gereinigt hat, bietet uns den Vorteil, daß nun der neue, kleine Hund sogleich auf diesen Geruch anspricht und gerne in diesem Korb verweilt. Hatte man zuvor noch keinen Hund, muß man ausprobieren, an welcher Stelle der Wohnung er sich wohlfühlen wird. Grundsätzlich schlafen Hunde gern in zentraler Lage, so beispielsweise im Flur, wo alle Türen münden, auch jene, die hinausführt, und die ihn deshalb in hohem Maße interessiert.

Es kann aber auch sein, daß unser Junghund sein Lager stets verläßt und lieber an harter Stelle anderswo verweilt. Da wir selbst viel weniger gut hören, vor allem auch gewisse Töne, die unser Hund vernimmt, überhaupt nicht wahrnehmen, weil sie sich außerhalb der für uns erfaßbaren Frequenzbereiche befinden, ist es durchaus möglich, daß ihn ein Geräusch stört, eine Wasserleitung vielleicht. Es kann aber auch sein, daß Zugluft ihn von seinem Lager vertreibt, die wir selbst gar nicht bemerken, weil wir uns ja in einem viel höheren Bereich bewegen als der Hund. Daran denkt man auch auf der Straße viel zu wenig, wo der Kopf und damit die Atmungswege des Hundes oft von unangenehmen Gerüchen und Gasen erreicht werden, die wir gar nicht bemerken.

Das Lager selbst sollte mit einer nicht allzu weichen Einlage, einer Matratze oder einer zusammengefalteten Decke ausgelegt sein und nicht zu hohe Umrandung aufweisen. Natürlich wird es für den Welpen noch zu groß sein, aber das schadet nicht. Damit der Hund gern aufs Lager geht, kann man ihm dort einen Leckerbissen hinlegen, wenn man ihn auch dort haben möchte. Begibt er sich dann hinein, um diesen Bissen zu fressen, begleiten wir ihn mit einem Hörzeichen wie »schön Platz machen« oder ähnlich. Bald wird er auf dieses Zeichen in den Korb klettern, und wir können ihn dann mit dem erwarteten Leckerbissen dort loben. Solche kleinen Vorgänge, die wenig Zeit kosten, können – wenn mit der notwendigen Konsequenz durchgeführt – eine unerhört wirksame Vorbereitung für das sein, was wir später den Gehorsam nennen. Der Welpe gewöhnt sich dadurch sehr früh und nachhaltig daran, auf das, was wir sagen, zu achten, und das, was von ihm damit verlangt wird, auch zu tun. Alle Erziehungsschritte werden dann viel leichter erreicht werden.

Die erste Nacht

Wir haben eben von Konsequenz gesprochen. Manche Leute sind ganz versessen darauf, konsequent mit dem Junghund zu sein, doch oft sind sie dies am falschen Orte. Wer meint, man müsse den Welpen schon in der ersten Nacht auf seinem Lager sich selbst überlassen, auch wenn er unruhig wird und zu winseln oder jaulen beginnt, hat eine falsche Vorstellung davon, was Konsequenz in der Hundeerziehung bedeutet. Vor allem wir sollten konsequent sein, indem wir dem Hund das, was wir von ihm wünschen, stets in der genau gleichen Form verständlich zu machen versuchen. Ihn jedoch in der ersten Nacht ohne Kontaktmöglichkeit zu belassen, ist ganz einfach brutal und dumm. Bis zum heutigen Tage war das kleine Tierchen doch von seinen Geschwistern umgeben, hatte immer Kontakt zu ihnen gehabt, wenn es dessen bedurfte, meist auch im Schlaf, wo das bekannte Kontaktliegen ihm wohlige Wärme und Geborgenheit vermittelte. Und nun befindet er sich auf einmal in einer völlig neuen Umgebung und wird allein gelassen. Was wunder, wenn er das nicht aushält.

Eine bewährte Technik, um den Hund ohne Schwierigkeiten und in kurzer Zeit daran zu gewöhnen, allein in seinem Korb zu schlafen und sich dort auch wohl zu fühlen, besteht gerade darin, daß man ihm erlaubt, die ersten Nächte in unserer Nähe zu verbringen. Man stellt dazu seinen Korb neben das eigene Bett und läßt die Tür zum Flur, wo er später schla-

29

fen wird, angelehnt. Beginnt er unruhig zu werden, können wir ihn für eine Weile mit der Hand berühren. Nach einigen Tagen stellen wir den Korb – immer noch im Schlafzimmer – etwas weiter vom Bett weg, und bald belassen wir ihn im Flur, ohne jedoch die Türe zu schließen. Jetzt wird der Hund vermutlich sich neben unserem Bett hinlegen, wenn wir schlafen gehen. Doch dort wird er nicht sehr lange bleiben, sofern die Bettvorlage nicht weicher als seine Korbeinlage ist. Er wird also nach einer Weile in sein Lager wechseln. Nach wenigen weiteren Tagen können wir dann auch die Türe ganz schließen, und der Hund wird fortan ruhig und gern die Nacht dort verbringen, wo er schließlich hingehört.

Grundsätzliches zum Verhalten der Besitzer

Mit Befehlen und Schimpfen läßt sich kein Hund erziehen, weder ein ganz junger, noch ein älterer. Wir müssen anders vorgehen. Es lohnt sich, wenn man sich über die Frage »Wie sag ich's meinem Hund?« einige Gedanken macht, bevor man ihn aus Unkenntnis frustriert.

Ein Hund ist von Natur aus völlig anders ausgestattet als wir es sind. Er sollte nie als »dummes Tier« betrachtet oder wie ein in seiner Intelligenz reduziertes Kind behandelt werden. Dumm ist der Hund nämlich keineswegs, er ist nur anders. Wenn er merkt, was wir eigentlich von ihm wollen, dann tut er es auch gern. Denn es ist ihm ein inneres Bedürfnis, zu verstehen und verstanden zu werden. Als ehemaliges Rudeltier war er durchaus in der Lage, sich mit seinen Rudelgenossen zu verständigen, was ja zur Ausübung der Rudeljagd unerläßlich und somit eine Frage des Überlebens war. Als domestiziertes Haustier vermag nun der Hund – im Gegensatz zu einem Wildtier – auch uns als Rudelpartner zu betrachten. Finden wir jetzt heraus, was er verstehen kann und was nicht, haben wir das heikle Spiel der Erziehung im Grunde schon gewonnen.

Es ist eine wichtige Grundregel, daß man den Hund nicht überfordert, sondern den Zugang zu seiner Art des Verstehens mit Umsicht sucht. Dies besonders in den ersten Wochen, wo er sich bei uns zurechtfinden muß. Alles ist ihm hier neu, die Gerüche, die Räume, die Menschen. Je regelmäßiger wir jedoch unseren Tagesablauf gestalten und den Hund mit seinen Bedürfnissen darin einfügen, desto schneller gewöhnt er sich an uns und unsere Verhältnisse. Er fühlt sich dann wohl und sicher und bleibt aufnahmebereit für das, was wir ihm zu sagen haben. Wie wir dies tun, soll nun erklärt werden.

Der Deutsche Schäferhund will erzogen sein

Unser Schäferhund ist ein begabter Familienhund. Dasselbe läßt sich von den meisten anderen Rassen auch sagen. In jedem Falle gilt jedoch, daß ein Hund nicht von sich aus zum angenehmen vierbeinigen Mitglied der Familie wird. Man muß ihm dazu verhelfen. Tut man das geschickt und konsequent, und war die Aufzucht für seine Sozialisierung förderlich, dann wird es freilich bei einem Deutschen Schäferhund kaum Schwierigkeiten geben. Er ist von Natur aus freundlich und gutartig, und er ist auch anpassungsfähig. Was uns vielleicht einige Mühe bereiten könnte, ist sein Temperament. Wir benötigen etwas mehr Geduld und Konsequenz für die Erziehung eines aufgeweckten und tatendurstigen Hundes. Dafür wird es uns später leichter fallen, seine Arbeitsfreude zu wecken.

Wem bis dahin nicht bewußt geworden ist, daß er kein Stofftier sondern ein Lebewesen angeschafft hat, wird es jetzt zur Kenntnis nehmen müssen. Und er wird erkennen, daß der neue Hausgenosse nicht nur der Bewegung und der Pflege bedarf, sondern ebenso der Zuwendung seitens des Besitzers. Das heißt, man muß sich zwar nicht dauernd, aber doch zeitweise und regelmäßig mit ihm beschäftigen. Diese Zeit ist nicht verloren – im Gegenteil, sie ist in mehrfacher Hinsicht gewinnbringend angelegt. Auch uns schadet Bewegung nicht, und es gibt keine bessere Entspannung als die Beschäftigung mit einem Hund, wenn man nur einige Grundsätze dabei beachtet.

Erziehen heißt, sich mit dem Hund verständigen

Wie wir nun schon wissen, ist der Hund nicht mit befehlen, schimpfen oder gar bestrafen zu erziehen. Es geht vielmehr darum, ihn gezielt an ein erwünschtes Verhalten zu gewöhnen. Das setzt voraus, daß wir in der Lage sind, den Hund merken zu lassen, was wir von ihm erwarten.

Der Hund ist eben kein Kleinkind, das zwar nicht sprechen, aber doch sehr gut hören kann. Er ist ein ganz anders konzipiertes Lebewesen als der Mensch und kann mit diesem nicht gleichgesetzt werden. Das müssen wir berücksichtigen, wenn wir uns ihm verständlich machen wollen. Mit Worten erreichen wir wenig oder nichts. Wir sollten uns da anderer Mittel bedienen. Schauen wir uns einmal näher an, wie sich Hundeeltern mit ihren Jungen verständigen.

Bis etwa zur sechsten Lebenswoche können die Welpen so ziemlich alles tun, was ihnen einfällt, weder ihre Mutter noch der Vater (der allerdings nur selten im Rudel verbleibt) werden sie daran hindern, es wäre denn, um sie vor einer Gefahr zu bewahren. Aber sie lassen sich an Ohren und Lefzen ziehen, sie halten als Kletterobjekte her, und man darf ihnen gar ein Stück Fleisch aus dem Fang zerren. Von einem Tag auf den anderen ändert sich das. Nun wird der Welpe plötzlich zurechtgewiesen, wenn er solche Dinge tut. Das geschieht derart brutal, daß man meint, die Hündin habe das blitzschnell gepackte, geschüttelte und wieder weggeworfene Jungtier verletzt. Dem ist aber nicht so, Hunde verfügen im Fang über ein unerhört feines Tastgefühl, das ihnen erlaubt, so rasch, rabiat und gezielt einzugreifen. Im nächsten Augenblick verhalten sie sich, als wäre überhaupt nichts geschehen. Damit erreichen sie, daß der Welpe das Ereignis nicht auf das Elterntier bezieht, sondern mit jenem Vorgang in Zusammenhang bringt, den er eben ausgeübt hat. Er kriegt auf diese Weise nicht Angst vor seiner Mutter, nein, er beginnt das Objekt zu respektieren, mit dem er sich eben beschäftigte oder beschäftigen wollte.

Genauso wie die Hundemutter sollten auch wir vorgehen, wenn es beispielsweise darum geht, dem Hund etwas zu verleiden. Dann wird der Hund die unangenehme Einwirkung mit dem Objekt oder dem Vorgang, der ihm verleidet werden soll, in Verbindung bringen.

Tabus setzen

Im Haus und in der Wohnung muß dem Hund von Anfang an klar gemacht werden, was erwünscht ist und was nicht. Ein Hund fühlt sich nicht wohl und geborgen, wenn man aus falsch verstandener Tierliebe zu nachgiebig ist, er will geführt sein. Freilich gibt es auch Dinge, die man nicht von Anbeginn an erwarten und erzwingen sollte. Dazu gehört, wie wir gesehen haben, die sorgfältige Gewöhnung an die Stubenreinheit und an eine bestimmte Schlafstelle. Hingegen müssen wir bei Handlungen des Hundes, die nicht nur jetzt, sondern auch später unzumutbar sind, von Anfang an ein deutliches Tabu setzen.

Steckt der Welpe etwa die Nase in die Einkaufstasche und läßt die Besitzerin im gleichen Moment die zweite Tasche, die sie in Händen hält, auf den Frechdachs herunter-

Die Gewöhnung an andere Heimtiere muß früh erfolgen.

plumpsen, so ist die Überraschung perfekt. Für den Welpen ergibt sich: Wenn ich die Nase in eine Tasche stecke, passiert etwas höchst Unangenehmes. Er wird das somit künftig auch dann bleiben lassen, wenn die Besitzerin nicht zugegen sein sollte. Bei älteren Hunden bedarf es allerdings für solche Korrekturen der Wiederholung, bis sie wirksam werden. Um so mehr empfiehlt es sich, Untugenden gar nicht erst aufkommen zu lassen.

Anders gehen wir vor, wenn wir dem Hund begreiflich machen wollen, welche Räume er nicht betreten darf. Dazu gehören normalerweise die weiteren Schlafzimmer, vor allem aber das Bad und die Küche. Hier schubsen wir ihn kräftig zurück, sobald er die Schwelle überqueren will. Hunde haben von Natur aus eine starke Beziehung zu geraden Linien wie Schwellen, Trottoirrändern, Pfaden im Gelände und ähnlichem mehr. Wo es in modernen Wohnungen keine Schwellen gibt, fällt es deshalb schwerer, den Hund vom Betreten eines Raumes abzuhalten. Doch können wir uns mit einem Stück Abdeckband behelfen, das wir vorübergehend anstelle einer Schwelle anbringen. So wird er auch hier bald gehemmt sein, einzudringen. Dies bedingt lediglich, daß wir ihn konsequent und nicht zu zimperlich zurückschubsen, wobei wir keinen Ton von uns geben. Der Hund versteht dann schneller und besser, was wir meinen. Grundsätzlich sollten wir ihm nämlich nie erklären wollen, was wir von ihm verlangen, sondern es ihn durch Einwirken fühlen lassen. Aus dem, was er dabei erlebt, lernt er leicht und rasch. Ganz verfehlt ist Schelten, was den Hund nur verunsichert und nie zum Verständnis führt. Nähert sich der Hund einer Stelle, die er nicht berühren oder anfassen darf, wirken wir ebenfalls massiv und wortlos mit einem Klaps auf ihn ein, wobei wir selber ganz gelassen bleiben. Wir können auch etwas neben ihm fallen lassen, was Lärm erzeugt.

Als Beispiel: Die Mutter stellt die Schüssel mit Blut- und Leberwürsten auf den Eßtisch und hebt den Pfannendeckel ab. Der herausströmende Dampf veranlaßt den Hund, an der Tischkante hochzustehen und die Nase dem verführerischen Geruch entgegenzustrecken. In diesem Augenblick läßt die Mutter den Pfannendeckel neben dem Hund zu Boden fallen, wo er scheppernd auftrifft. Der Hund erschrickt und springt zurück. In ihm verknüpft sich nun seine Handlung – an der Tischkante hochstehen – und der ihm entgegenströmende Duft mit dem Lärm, der ihn so erschreckt hat. Damit entsteht in ihm eine nachhaltige Hemmung, sich künftig der Tischkante zu nähern. Ein wirkungsvolles Tabu ist gesetzt. Es hält ihn auch dann von der Wiederholung der unerwünschten Handlung ab, wenn die Mutter einmal nicht in der Nähe ist.

Die spitzen Welpenzähnchen

Manche Welpen und Junghunde fassen gern und oft nach den Händen, Handgelenken und Ärmeln der Besitzer und ihrer Kinder. Das kann Schürfungen und Kratzer absetzen, was sehr unangenehm ist. Dieses mehr oder weniger sanfte Packen hat jedoch nichts mit Aggression oder Beißen zu tun. Es wäre falsch, dies anzunehmen. Doch muß man auch hier ein Tabu setzen und wissen, wie man das am besten tut.

Der Hund hat keine Hände
Vieles, was wir mit unseren Händen tun, macht der Hund mit dem Fang. Er hat ja keine Hände, und so trägt er eben alles, was er aufnimmt, zwischen seinen Zähnen. Doch auch für Zärtlichkeiten hat er nur seine Schnauze zur Verfügung. Ebenso dient ihm der Fang zum Drohen und Abwehren, wenn er belästigt oder angegriffen wird.

So wie er dann die Zähne bleckt, schnappt oder zubeißt, drohen, schubsen oder schlagen wir mit unseren Händen und Fäusten zu.

Das mehr oder weniger starke Fassen mit dem Fang im Sinne einer Kontaktaufnahme oder einer Liebkosung macht schon die Hündin mit den Welpen und betreiben die Welpen unter sich während ihrer Sozialisierungsphase sehr intensiv. Spielende erwachsene Tiere pflegen ebenfalls auf diese Weise ihre Zuneigung zu äußern.

Hat der Welpe die Intensität seines Zupackens an den Geschwistern geübt und dabei seine Beißhemmung nach dem jeweiligen Ergebnis beim Partner eingestellt – Stillhalten oder Aufjaulen des Gepackten sind dafür die Signale –, so nimmt er nun vertrauensvoll und liebenswürdig auch die Hände seines Besitzers und dessen Kinder in den Fang. Da nun Menschenhaut weniger widerstandsfähig als ein Hundefell ist, kommt es nicht selten zu leichten Verletzungen, wobei auch ein kleiner Blutstropfen hervorquillen mag. Dies besonders, weil Welpenzähnchen noch sehr scharf sind. Diesem Umstand tragen übrigens erwachsene Hunde Rechnung, wenn sie sich Welpen nähern, um mit ihnen zu spielen. Es fällt auf, mit welcher Umsicht sie ihre Nasen und Lefzen dem Bereich des Welpenfanges entziehen und lieber den gut geschützten

Nacken hinhalten. Als Mensch könnte man dem Welpen den Ärmel anbieten, falls das betreffende Kleidungsstück robust genug ist. Feinere Gewebe oder gar Strickwolle können Schaden nehmen. Was also läßt sich tun?

Wie das Tabu gesetzt wird
Gerade beim Abgewöhnen des zärtlich gemeinten, aber zu stark dosierten Zupackens des Welpen, läßt sich einiges über die Technik des korrigierenden Einwirkens lernen.

Faßt uns ein Welpe an der Hand, ist erstes Gebot, ihm diese nicht zu entziehen. Dasselbe gilt auch bei erwachsenen Hunden, die zum Schnappen neigen. Reißen wir die gefaßte Hand zurück, packen junge wie ältere Hunde reflexartig fester zu. Belassen wir dagegen die Hand oder drücken sie in den Fang, kommt es weniger rasch zu Verletzungen. Und beim Zugreifen des Welpen im Sinne einer Liebkosung, die aber für uns zu hart erfolgt und schmerzt, geben wir am besten einen heftigen Schmerzlaut von uns (wie etwa »au!«). Das versteht der Welpe, weil dieser Laut dem seinerzeitigen Aufjaulen der Geschwisterwelpen entspricht, das sein Zupakken gebremst hat.

Falsch wäre es, dem kleinen Hund mit Worten sein Fehlverhalten zur Kenntnis bringen zu wollen, sei es in beruhigender Weise erklärend, sei es als aufgebrachtes Schelten. Beides kann das Tier nicht verstehen. Auch leichte Abwehr mit der freien Hand führt zu einem Mißverständnis, da der Hund dies als Spielaufforderung auffaßt, was ihn veranlassen könnte, noch stärker zu fassen. Genügt der Wehlaut nicht, korrigieren wir den zu fest seinen Fang schließenden Hund mit einem Klaps der anderen Hand, und zwar sehr massiv,

damit der Hund wirklich abgeschreckt wird. Man beobachte einmal jene Einwirkungen der Mutterhündin, wenn sie ihre Welpen zurechtweist. Sie erfolgen unerhört schnell, präzis und kräftig. Der Welpe verliert dadurch keineswegs das Vertrauen zur Mutter, denn er bezieht die Einwirkung gar nicht auf sie, sondern auf seine Handlung im Moment des Einwirkens. Genauso reagiert der Hund, wenn sein Besitzer im richtigen Augenblick gezielt und massiv einwirkt. Und das kann man in einem solchen Fall praktisch nur mit der Hand. Bleiben wir bei diesem Vorgehen innerlich gelassen, wird der kleine Hund nicht handscheu, wie es fälschlicherweise in manchen Hundebüchern behauptet wird. Auch hierin soll uns die Mutterhündin Vorbild sein: Sie korrigiert ihren Welpen mit dem Fang blitzschnell und hart, bleibt aber völlig unerregt und tut so, als wäre überhaupt nichts passiert. Auch wir sollten also wortlos und gelassen – niemals in strafender Aufwallung – sowie massiv und schnell einwirken, wonach wir uns völlig unbeteiligt geben. So wird die Korrektur ihre Wirkung nicht verfehlen.

Freiräume gewähren
Nun wollen wir dem jungen Hund bei der Erziehung ja nicht nur eine Menge Dinge verbieten. Er soll sich bei uns auch wohlfühlen und uns durch seine Munterkeit ergötzen. Daher sollten wir ihm auch genügend Gelegenheiten bieten, wo er sich frei bewegen und entfalten kann. Ideal dazu ist natürlich der Spaziergang in einem Gelände, wo man ihn gefahrlos sich selbst überlassen kann. Aber auch im Haus und im Garten sollte er sich zwanglos dort aufhalten dürfen, wo kein Schaden entstehen kann. Hier gibt man ihm

auch Spielzeug und allenfalls Knochen. Das alles genügt aber nicht. Wir müssen uns auch reichlich Zeit nehmen, um mit ihm zu spielen und herumzutollen. Dabei vertiefen sich der gegenseitige Kontakt und das Vertrauen des Junghundes zu uns.

Der Deutsche Schäferhund wird heute wie jeder andere Familienhund mehrheitlich in der Wohnung gehalten. Er genießt die Nähe zu seinen Besitzern.

6. Der erste Spaziergang

Vom Verhalten der Besitzer hängt es ab, was ein Welpe dabei lernen kann

Hat sich ein vom Züchter übernommener Welpe nach einigen Tagen im Haus und im Garten gut eingewöhnt, ist es Zeit, an den ersten Spaziergang zu denken. Einzige Voraussetzung dafür ist, daß man ihn mit Halsband und Leine schon einigermaßen vertraut gemacht hat. Die meisten Züchter tun dies schon vor der Abgabe der Tiere an die Besitzer. Im übrigen darf der Welpe jetzt noch zerren. Das gewöhnen wir ihm erst später beim Aufnehmen der Grundübungen ab.

Mit Vorteil wählen wir ein Gelände aus, wo wir den Welpen, der nun an der Schwelle des Junghundealters steht, gefahrlos frei laufenlassen können. Wichtig ist, daß dort auch Begegnungen mit anderen Hunden stattfinden.

Angst der Besitzer ist unangebracht

Wer jetzt Angst hat, daß seinem teuer bezahlten »Wertobjekt« etwas Schlimmes passieren könnte, macht einen gravierenden Fehler in der Erziehung. Hunde sind keine Killer. In der Regel packen sie bei Welpen oder Junghunden überhaupt nicht zu. Tun sie es dennoch, was aus verschiedenen Gründen auch einmal geschehen kann, fassen sie nur dosiert oder gehemmt. Den Hund, der einen kleineren Artgenossen grundlos packt und totschüttelt, gibt es nur in äußerst seltenen Fällen. Es handelt sich dann um ein von Menschen total verdorbenes Exemplar. Außerdem ist der Welpe dank seinen noch sehr spitzen Zähnchen gut geschützt. Erwachsene Hunde spüren dies und hüten sich davor, ihre Lefzen in die Nähe des spielerisch zupackenden Junghundes zu bringen.

Natürlich kann es auch einmal passieren, daß der Junghund unter die Pfoten eines älteren Hundes gerät. Das sollte man ohne Aufregung und Geschrei geschehen lassen. Und wenn danach unser Kleiner bei uns Schutz sucht, dürfen wir ihn nicht bemitleidend und beruhigend trösten wollen mit Streicheln und mit Worten. Noch schlimmer wäre, ihn auf den Arm zu nehmen. Reagieren wir nämlich so, nehmen wir unserem Hund die Möglichkeit, aus dem Vorfall zu lernen. Er muß merken, daß ab und zu auch auf dem Spaziergang das geschehen kann, was er längst aus den Tagen im Wurfzwinger kennt, wo er von seinen Geschwistern und der Mutter hin und wieder überrumpelt wurde. Damit wird er solche Ereignisse bald gelassen hinnehmen. Dies selbst dann, wenn er im Moment der etwas rauhen Konfrontation aufjault, was ja zum Repertoire des Verhaltens eines Welpen gehört.

Ohne Risiko geht es nicht

Wer also beim Ausführen seines Welpen absolut nichts riskieren will, sollte sich besser keinen Hund halten. Nicht nur, weil es sinnlos und unnötig ist, sich für seinen Hund zu ängstigen, sondern weil man ihm damit ein natürliches Verhalten gegenüber begegnenden Artgenossen zunehmend erschwert. Das führt dann dazu, daß der übermäßig behütete Hund als erwachsenes Tier mißtrauisch und aggressiv wird. Je nach seiner Grundanlage und der gegebenen Situation, wird er dann

Unerwartete Begegnungen unseres jungen Hundes dürfen uns nicht erschrecken. Der junge Hund hat sich bei sorgfältiger Aufzucht mit seinen Geschwisterwelpen buchstäblich zusammengerauft und sozialisiert.

Jeder fachgerecht aufgezogene Welpe ist in der Lage, mit solchen Begegnungen allein fertig zu werden. Nur wenn wir ihn dabei sich selbst überlassen, kann er lernen mit fremden Hunden umzugehen.

scheu ausweichend oder aber aggressiv attackierend reagieren. Beides ist für den Halter sehr unangenehm. Denn das scheue Ausweichen reizt manche andere Hunde zum Angriff.

Das hier in bezug auf den Junghund Gesagte gilt genauso für den Besitzer eines erwachsenen Hundes. Als kurz gefaßte Anleitung zum Verhalten des Besitzers bei Begegnungen mit anderen Hunden läßt sich sagen: Man halte sich zurück und beeinflusse den Hund in keiner Weise. Am besten entfernt man sich etwas und beobachtet sein Benehmen. Nach der Begegnung – wie immer sie ausgefallen sein mag – enthalte man sich ebenfalls jeder Einwirkung, sei sie lobend oder tadelnd gemeint. So lernt der Hund schnell, was er bei Begegnungen zu tun hat, damit er ungeschoren bleibt.

In Bewegung bleiben

Hat man mit dem Welpen das Gelände erreicht und ihn an der Leine soweit hineingeführt, daß eine Gefährdung durch den Verkehr nicht mehr zu befürchten ist, leint man ihn während dem Gehen ab. Von allem Anfang an sollte man nun auch in Bewegung bleiben und ständig weitergehen. Das veranlaßt den Hund, uns nachzufolgen. Mit Herbeirufen sollten wir uns zurückhalten. Bleibt er etwas zurück, rufen wir nur einmal, klatschen wenn nötig zwei-, dreimal in die Hände, und gehen seitlich ins Gelände. So kann uns der Hund gut sehen und erkennen. Es ist nämlich unsere persönliche Bewegungsart, die ihm sagt, daß dies »seine Leute« sind. Er wird uns dann meistens auch folgen. Ist er bei uns angekommen, halten wir kurz an, um ihn herzlich zu loben, gehen aber danach gleich weiter.

Halten wir uns an die Empfehlung, stets nur einmal unseren Ruf ertönen zu lassen und auf die beschriebene Weise weiterzugehen, erhalten wir in Kürze einen Hund, der immer beobachtet, wo wir sind, und uns auch ständig nachläuft. Im anderen Fall, wenn wir mehrfach rufen, dabei länger stehen bleiben und am Ende den Hund noch abholen, geschieht folgendes: Die mehrfachen Rufe empfindet der Hund nicht als Aufforderung zum Herbeikommen, sondern als Mitteilung, daß wir in der Nähe sind. Es drängt ihn dann nichts, uns nachzufolgen. So wird sich der Hund daran gewöhnen, daß er uns nicht verliert, wenn er nicht kommt. Er beobachtet deshalb nicht mehr, wo wir uns befinden, da er aus Erfahrung weiß, daß wir ihm nicht verloren gehen. Genauso wird er sich später als erwachsenes Tier verhalten, und das ist für den Besitzer sehr unangenehm.

Natürlich bleiben wir auch ab und zu stehen und holen den Hund ab, ohne jedoch zuvor zu rufen. Dann nämlich, wenn er so stark abgelenkt ist, daß er unser Rufen als junges Tier gar nicht mehr wahrnehmen kann. So etwa, wenn er mit anderen Hunden zu spielen beginnt. Oder wenn ein Geruch ihn so fesselt, daß alles andere keine Bedeutung mehr hat für ihn. Das ist zum Beispiel der Fall, wenn er ein Mauseloch entdeckt hat.

Mit dem hier beschriebenen Verhalten vertiefen wir die Beziehung des jungen Hundes zu uns. Und wir leisten Vorarbeit für das spätere gezielte Abrufen, das uns unter dieser Voraussetzung rasch und leicht gelingen wird.

7. Die Grunderziehung

Für den Deutschen Schäferhund, der aus dem Welpenzwinger zu uns gekommen ist, wirkt alles, was er nun vorfindet, neu, und es beeindruckt ihn stark.

Wie bereits dargelegt wurde, beschränkt man sich deshalb am besten darauf, die nötigen Tabus zu setzen.

Wann aber sollen wir – darüber hinausgehend – mit der eigentlichen Erziehung beginnen? Grundsätzlich dann, wenn sich zwischen uns und dem jungen Tier eine genügend starke Bindung ergeben hat. Ein Anhaltspunkt dafür ist, wenn der kleine Hund uns beim Spazieren aus eigenem Antrieb gut nachfolgt. Natürlich wird er bei Ablenkungen wie spielenden Hunden, verlockenden Gerüchen oder andersartigen Tieren noch zurückbleiben oder vorprellen. Dort aber, wo nichts Derartiges ihn reizt, und er sich immer wieder uns anschließt, ohne daß wir ihn gerufen haben, ist dies ein untrügliches Zeichen, daß sich seine Beziehung zu uns gefestigt hat. Jetzt können wir mit der grundlegenden Erziehung beginnen, ohne ihn zu überfordern. Dazu gehört vor allem das Herbeirufen. Damit sollten wir aber nicht beginnen, weil sowohl uns als auch dem Hund noch einige Vorkenntnisse fehlen. Um diese zu erwerben, fangen wir mit den einfacheren Übungen an, wie sie im folgenden beschrieben werden. Es geht für uns darum, zu lernen, wie man sich mit dem Hund verständigen kann. So erhalten wir Einblick in die Art des hundlichen Lernens und erkennen das im Vergleich zum Menschen – auch zum Kind – begrenzte Auffassungsvermögen des Hundes.

Die vier Grundübungen

1. Gehen und Wenden

Wir wählen dazu einen Weg, noch besser einen Waldweg. Dort bewegen wir uns mit dem angeleinten Hund zügig ausschreitend. Üben wir auf freiem Feld, gehen wir auf markante Zielpunkte zu, damit wir uns geradlinig fortbewegen. Das ist wichtig, weil dadurch das Raumgefühl des Hundes angesprochen wird. Die Wendung erfolgt stets rechtsumkehrt, und sie wird nicht im Bogen, sondern auf einem Punkt durchgeführt.

Die Leine wird am äußersten Ende mit der rechten Hand gehalten, der Hund befindet sich an unserer linken Seite. So wird er bei der Wendung mitgenommen. Diese erfolgt jeweils nach etwa 15 bis 20 Metern und wird mehrmals wiederholt. Bei diesem Hin- und Hergehen bleiben wir stumm, damit sich der Hund an unserer Bewegungsweise orientiert und uns bald von selbst nachfolgt. Nach einigen Wendungen wird der Hund merklich aufmerksamer und gefügiger an unserer Seite gehen. Jetzt brechen wir die Übung ab und loben den Hund.

Jede weitere Grundübung wird mit dem Gehen und Wenden eingeleitet.

2. Gehen, Anhalten und Setzen

Geht der Hund im Laufe der ersten Übung gut an unserer Seite, wobei die Leine locker durchhängt, leiten wir diese zweite Übung ein, indem wir die Leine mit der linken Hand senkrecht anheben und danach den Schritt verlangsamen bis zum Stillstand.

Da der Hund im Halsband etwas angehoben wurde, setzt er sich oft selbst. Tut er es nicht, bleibt die Leine straff gespannt und wird von der rechten Hand übernommen. Mit der linken Hand wird nun die Kruppe des Hundes angetippt, bis er sich setzt. Hat sich der Hund gesetzt, richten wir uns auf und warten entspannt etwa zwei Sekunden, bevor wir gedehnt »Siiiitz« sagen und dabei die Leine sachte senken. Nach einer weiteren Pause, die wir entspannt neben dem Hund stehend verbringen, loben wir den Hund kurz. Hebt er dabei ab, sagen wir in ruhigem Ton »Nein«, wonach wir den Hund erneut wie oben beschrieben zum Sitzen bringen.

Nun wird wiederum eine Pause eingelegt, bevor wir nach einem ruhig gesprochenen »Komm« uns mit dem Hund in Bewegung setzen. Oder wir leinen ihn ab, richten uns auf, warten zwei Sekunden und ermuntern dann den Hund zum Freilaufen. Dabei wird man noch unerfahrene Hunde nach dem Lösen der Leine anfangs noch am Halsband festhalten.

Schräges sich Hinsetzen des Hundes korrigiert man erst, wenn sich der Hund schon etwas an die Übung gewöhnt hat. Die Leine bleibt dann ebenfalls straff angehoben und wird von der rechten Hand übernommen. Mit der linken Hand schieben wir den Hund an unsere Seite, richten uns auf und legen die obligate Pause ein, bevor wir die Übung zu Ende führen.

Sobald der Hund nach dem Gehen und Anhalten sicher zu sitzen pflegt, gehen wir zur dritten Grundübung, dem Bleiben, über. Anhalten und Setzen können oft geübt werden, am wirksamsten ist dies bei der Anwendung in der Alltagspraxis. So bei einem Straßenübergang oder zu Beginn und am Ende einer Treppe. Die Anwendungsmöglichkeiten werden später beschrieben.

3. Bleiben

Mit der zweiten Grundübung haben wir den Hund neben uns zum Sitzen gebracht. Dies ist die Ausgangsposition.

Nach einer Pause halten wir dem Hund unsere linke Handfläche vor den Kopf und sagen gleichzeitig ruhig (nicht im Befehlston) »Bleib«. Sogleich nehmen wir die Hand wieder weg und warten aufgerichtet und entspannt zwei Sekunden.

Danach treten wir entschlossen vor den Hund. Bleibt er nicht sitzen, sagen wir ruhig »Nein«, bringen den Hund wieder gemäß der zweiten Grundübung zum Sitzen, wobei wir an derselben Stelle stehen wie zu Anfang. Danach beginnen wir die Bleibübung von vorn.

Bleibt der Hund jedoch sitzen, nachdem wir vor ihn getreten sind, warten wir entspannt, wobei wir zuerst nur wenige Sekunden verweilen, später aber länger. Es ist dies die Wartephase, auf die es am Ende ankommt. Wir blicken in dieser Position den Hund nicht an. Wenn er sich hinlegt, reagieren wir nicht. Während den Grundübungen wird überhaupt kein Unterschied zwischen dem Sitzen und Liegen des Hundes gemacht, er muß nur bleiben.

Sollte der Hund jedoch während der Wartephase abheben und zu uns kommen oder auch nur stehenbleiben, gehen wir in die Ausgangsposition zurück und beginnen die Arbeit ganz von vorn. Grundsätzlich soll der Hund nie während der Bleibübung korrigiert werden, es wird bei jedem Fehler neu damit begonnen. Damit fügen sich für den Hund die einzelnen Handlungsteile zu einem Ganzen zusammen, das ihm fast zum Ritual wird. Dadurch erlangt er eine große Sicherheit in der Durchführung.

Bevor wir nun zum Hund zurücktreten, halten wir ihm die Handfläche erneut vor den Kopf und sagen gleichzeitig, aber nur solange die Hand vorn bleibt, »Bleib«. Nach der obligaten Pause von zwei Sekunden treten wir dann zu ihm zurück, bleiben jedoch noch aufgerichtet und entspannt stehen. Erst danach wird der Hund kurz mit »Brav Bleib« gelobt. Es ist sehr wichtig, daß nun wiederum eine Pause erfolgt, weil sonst der Hund das Lob sehr rasch als das Zeichen auffaßt, daß die Arbeit beendet sei und er sich frei bewegen dürfe.

Der Hund hat also nach dem Lob am Ende der Bleibübung noch eine Weile neben uns zu sitzen, bevor wir ihn dann entweder zum Mitkommen oder zum Freilaufen ermuntern, dies genauso, wie es am Ende der zweiten Grundübung beschrieben ist.

Bemerkungen

Bei der Bleibübung lernt nicht nur der Hund, sondern ebenso sein Besitzer, was eigentlich der Begriff Konsequenz bedeutet. Beide haben sich nämlich an eine sich stets gleich bleibende Handlungsfolge zu halten. Dieses miteinander Lernen fördert die gegenseitige Verständigung zwischen Meister und Hund in überraschender Weise. Aber es belastet den Hund stark, weshalb die Bleibübung zu Anfang nie länger als fünf Minuten dauern sollte.

Es gibt Hunde, die sehr schnell merken, was hier von ihnen verlangt wird, aber auch solche, die mehrmals unerwünscht reagieren, indem sie beim Vortreten des Besitzers mit-

Nächste Doppelseite:

1 Beim Gehen wird die Leine angehoben und der Schritt bis zum Stillstand verlangsamt.

2 Setzt sich der Hund nicht von selbst, übernimmt man die Leine mit der rechten Hand und tippt mit den Fingern der linken Hand die Kruppe des Hundes an.

3 Erst jetzt wird die Leine langsam gesenkt und das Halsband entlastet, wobei man gedehnt und freundlich das Hörzeichen »Siiiitz« gibt.

4 Schalten wir nun eine Pause von mindestens zwei Sekunden ein, wobei wir entspannt neben dem Hund verweilen, merkt er rasch, wofür er danach gelobt wird, und er lernt so überraschend schnell.

5 Das Lob erfolgt kurz und herzlich.

6 Mit einer weiteren Pause wird die Übung »Gehen, Anhalten und Setzen« beendet. Danach spricht man »Komm« und geht weiter.

7 Man hat mit der Übung »Gehen, Anhalten und Setzen« begonnen, und hält nun die geschlossene Handfläche vor den Kopf des Hundes, wobei man ruhig »Bleib« sagt. Sogleich wird die Hand wieder zurückgenommen.

8 Damit der Hund rasch lernt, braucht er Zeit. Deshalb verweilen wir etwa 2 Sekunden entspannt neben ihm.

9 Nun treten wir entschlossen (nicht zögernd) vor den Hund. Folgt er uns, hört er unser ruhiges »Nein«, wonach die Übung von vorn neu begonnen wird.

10 Die Wartephase kann später nach Belieben ausgedehnt werden, sollte jedoch zu Anfang nicht mehr als 10 Sekunden betragen. Wichtig ist, daß wir dabei entspannt und bewegungslos verweilen und den Hund nicht anschauen.

11 Nach diesem erneut ruhig und verbunden mit dem Sichtzeichen (flache Hand) gesprochenen »Bleib«, treten wir zum Hund zurück, nicht ohne nach dem Zeichen eine Pause gemacht zu haben.

12 Vor und nach dem kurzen Lob, schalten wir wiederum jene 2 Sekunden dauernde Pause ein, die es dem Hund ermöglicht, sehr rasch zu merken, was von ihm verlangt wird.

gehen. Das darf nun den Besitzer nicht aus der Ruhe bringen und ärgerlich oder gar böse stimmen. Damit würde er den Hund nur verwirren und vom Lernprozeß ablenken. Sein Vorgehen wie seine Stimmung sollen sich stets gleich bleiben, auch wenn es zu Anfang einiger Wiederholungen bedarf, bis der Hund gemerkt hat, was man von ihm verlangt, und es nun auch mit großer Sicherheit ausführt.

Am besten faßt der Besitzer die Bleibübung als Entspannungsübung für sich selbst auf. Dann wird er sich über die Fehler des Hundes nicht ärgern, sondern in aller Ruhe das Hörzeichen »Nein« sprechen und die Übung von vorn beginnen. Wie die Erfahrung immer wieder zeigt, erlangt der Besitzer durch dieses, sein konsequentes Verhalten zunehmend Einfluß auf den Hund. Im Hund dagegen wächst das Vertrauen zum Chef. Selbst sehr temperamentvolle Hunde sind auf diese Weise unter Kontrolle zu bringen. Voraussetzung bleibt freilich, daß die Grundübungen mit ihren Pausen und Handlungsteilen exakt durchgeführt werden.

Bei der Erziehung und Ausbildung eines Hundes geht es eben nicht darum, möglichst viel und rasch zu lernen. Im Gegenteil, der Erfolg tritt dann bald ein, wenn wenig verlangt aber exakt geübt wird. Der Hund braucht Zeit, um rasch zu lernen.

4. Das Herbeikommen

Das Gelingen dieser Übung hängt ebenfalls vom konzentrierten und stets gleichförmig bleibenden Vorgehen des Besitzers ab. Wer hier flüchtig arbeitet, sollte es lieber bleiben lassen. Bemüht man sich jedoch, genau zu sein, bleibt der Erfolg nicht aus. Hat der Besitzer gelernt, wie er sich verhalten muß, damit der Hund merkt, was von ihm verlangt wird, wird dieser sich bald einmal sicher herbeirufen lassen.

Wir arbeiten mit einer Hilfsperson, die dem Hund nicht allzu vertraut sein sollte. Am besten suchen wir uns eine Stelle aus, die kanalisierend wirkt, also einen Waldweg oder ein Sträßchen zwischen Böschungen. Der Ort sollte wenig Ablenkung bieten und nicht stark begangen sein.

Die Hilfsperson hält den Hund zurück, während wir uns wortlos auf etwa 20 bis 30 Meter entfernen. Die Leine führen wir umgehängt oder in der Tasche mit. Wir halten an und wenden uns in Richtung Hund um. Bewegungslos stehenbleibend zählen wir langsam auf zwanzig. Auf unser stets nur einmal zu gebendes »Komm« gibt die Hilfsperson den Hund frei. Er eilt auf uns zu. Bis jetzt sind wir bewegungslos stehen geblieben, auch als wir gerufen haben, und das tun wir weiterhin. Dies selbst dann, wenn der Hund an uns vorbeirennt.

In den meisten Fällen wendet sich der Hund uns wieder zu. Ist er in greifbarer Nähe, erfassen wir ihn am Halsband, heben es an und bringen den Hund wie bei der Grundübung 2 (Setzen) an unserer linken Seite in Sitzstellung. Danach senken wir das angehobene Halsband unter dem Hörzeichen »Siiiitz«. Es ist dies das erste Wort, das er von uns hört.

Danach richten wir uns auf und bleiben entspannt neben dem Hund stehen. Hebt er ab, bringen wir ihn wie zuvor zum Sitzen. Erst nach dieser sehr wichtigen Pause loben wir den Hund mit »Brav Komm«, worauf wir uns wiederum aufrichten. Der Hund wird somit nicht für das Herbeikommen, sondern für das ruhig neben uns Sitzenbleiben gelobt. Diese

Wortlos hat sich die Besitzerin entfernt und sich in einer Distanz von 20 bis 30 m aufgestellt. Jetzt zählt sie langsam auf 20, wonach sie den Hund klar und kurz, aber nur einmal, ruft.

Ist er nahe genug, wird er herbeigenommen und genau wie bei der Übung »Gehen, Anhalten und Setzen« zum Sitzen in der Endposition gebracht.

Der Hund läuft interessiert zur bewegungslos und entspannt verweilenden Besitzerin.

Man schaltet nochmals eine Pause von mindestens 2 Sekunden ein, bevor man den Hund kurz lobt, wobei er nicht aufstehen darf. Bleibt er sitzen, ist die Abrufübung beendet.

Position wird für ihn zu einer erwünschten Endstellung, die er beim Ertönen des Rufes bald einmal gerne und sicher einnehmen wird.

Nach einer weiteren Pause leinen wir den Hund an. Auch dabei hat er sitzen zu bleiben. Tut er es nicht, korrigieren wir ihn wie zuvor.

Erst nach einer weiteren Pause ermuntern wir den Hund mit »Komm« zum Weitergehen. Wir können ihn aber auch ableinen und erst nach einer nochmaligen Pause zum Freilaufen auffordern.

Anwendung der Grundübungen in der Praxis

Beim Gewöhnen des Hundes an die Grundübungen werden wir uns eine Stelle im Garten oder im Spaziergelände aussuchen, wo wir möglichst ungestört sind. Später jedoch wenden wir das Gelernte in der Praxis an. Damit erübrigt sich bald das rein technische Üben. Der Alltag bietet so viele Gelegenheiten zur Anwendung, man muß sie nur erkennen und wahrnehmen. Sobald das Anhalten und Set-

Die Grundübungen sollten wir wo immer möglich auch in der Alltagspraxis anwenden, so die Bleibübung beim Besteigen und Verlassen des Wagens. Der Hund bleibt sitzen...

...während wir den Wagen öffnen.

Auf unser Hörzeichen »Geh hinein«, das wir ihm erst nach dem Öffnen der Tür geben...

...besteigt der Hund das Fahrzeug.

Beim Verlassen des Wagens geben wir das Sicht- und Hörzeichen »Bleib« noch bei geschlossener Tür.

Ist die Wagentür offen, hat der Hund zu warten, bis wir ihn zum Aussteigen auffordern.

Nun wird der Hund erneut in Bleibstellung gebracht...

...damit wir in aller Ruhe die Tür und den Wagen schließen können.

zen nur einigermaßen sitzt, schalten wir es vor dem Passieren von Türen und Toren ein, ebenso am Randstein, bevor wir eine Straße überqueren. Beim Kapitel über den Umgang mit dem Hund im Stadtverkehr werden wir näher darauf eingehen. Dort ist dann auch das Bleiben ein wichtiger Bestandteil. Doch auch beim täglichen Spaziergang läßt sich die Bleibübung mühelos einfügen und erweitern. Es bieten sich dabei viele Variationen an. Diese sollten aber erst dann angefügt werden, wenn die Bleibübung in ihrer Grundform von Hund und Meister sicher ausgeführt wird. Danach kann man zum Beispiel vor dem Hund stehend die Leine auf den Boden legen, nach einer Pause wieder aufnehmen und zurücktreten. Oder man begibt sich nach dem Ablegen der Leine weg vom Hund, zuerst nur einige Schritte, später mehr. Und noch später kann man sich auf Distanz auf eine Bank setzen und den Hund längere Zeit warten lassen, wobei man ihn übrigens nie mit den Augen fixieren sollte. Bei alledem geben wir jedoch vor jeder unserer Handlungen das Hör- und Sichtzeichen (Handfläche) »Bleib«, auch beispielsweise bevor wir uns auf die Bank setzen, und bevor wir wieder aufstehen oder uns in Bewegung setzen. Ebenfalls die in der Grundübung enthaltenen Pausen werden jetzt eingelegt, und zwar wie folgt:

– Nach jedem Hör- und Sichtzeichen, bevor wir die damit angezeigte eigene Aktion durchführen.
– Vor jedem Lob, nachdem der Hund eine von ihm verlangte Handlung in erwünschter Weise vollzogen hat.
– Nach jedem die erwünschte Handlung des Hundes bestätigenden Lob, bevor weitergearbeitet wird.

Beim Aufbau der Grundübungen wie bei deren Anwendung in der Alltagspraxis ist Exaktheit unerläßlich. Nur dann ist der Hund in der Lage, in kurzer Zeit zu merken, was wir von ihm verlangen. Da das oben genau beschriebene Vorgehen bei diesen Übungen dem Auffassungsvermögen des Hundes entgegenkommt, dürfen wir bei konsequenter und konzentrierter Durchführung damit rechnen, unseren Hund bald gut unter Kontrolle halten zu können. Besonders wichtig ist dies im Stadtverkehr. Deshalb gehen wir im nächsten Kapitel näher darauf ein.

8. Der Deutsche Schäferhund im Stadtverkehr

Nicht jeder Leser wird seinen Hund nach der in diesem Buch empfohlenen Methodik erzogen haben. Doch ob man dies auf andere Weise getan hat oder nicht – immer sollte man das Gelernte auch in der Praxis des täglichen Geschehens anwenden. Es schadet auch nicht, wenn wir jetzt dazu den Hund auf die hier dargelegten Vorgänge umschulen. Im Gegenteil, denn bei der Erziehung wie bei der Ausbildung eines Hundes liegt in jedem Neubeginn eine große Chance. Der Hund ist dann sehr aufmerksam und aufnahmefähig, er lernt schnell und nachhaltig.

In jedem Fall ist die Anwendung der sogenannten Gehorsamsübungen in der Praxis geboten. Denn ein Hund, der auf dem Übungsplatz zwar schön sitzt, Platz macht und bei Fuß geht, tut dies nicht ohne weiteres in einer veränderten Umweltsituation. So auch nicht im Lärm des Straßenverkehrs. Daran muß er zusätzlich gewöhnt werden. Denn die äußeren Umstände sind stets mitbestimmend für sein Verhalten.

Besonders junge oder sehr temperamentvolle Hunde lassen sich leicht ablenken. Sie sind dann oft schwer ansprechbar und damit wenig lenkbar. Sie dann einfach an der Leine zurückzuhalten oder mitzuzerren, ist wenig sinnvoll. Besser man nimmt sich Zeit, sie zum Durchführen der erlernten Grundübungen auch jetzt anzuhalten. Es lohnt sich, denn so erreichen wir selbst im lärmigsten Verkehr einen gehorsamen Hund. Damit ist eine optimale Verkehrssicherheit gegeben.

Wie man die erlernten Grundübungen anwenden kann, zeigen wir anhand der folgenden Beispiele.

Das Sitzenbleiben vor Tür und Tor

Wer seinem Hund das Sitzen mit der üblichen Befehlsmethode beigebracht hat, tut gut daran, in einer das Tier ablenkenden Situation etwas anders vorzugehen. Denn sonst ist er gezwungen, den Befehl sehr laut zu geben und ihn mehrfach zu wiederholen. Hinzu kommt, daß ja oft Passanten sein Vorgehen beobachten. Das führt bei der leider immer noch angewandten Befehlsmethode in Anwesenheit anderer Leute dazu, daß man nur halbherzig arbeitet, oder es lieber gleich bleiben läßt und den Hund mit der Leine dirigiert. Bei der Ausbildung über die Verständigung mit dem Hund, wie wir sie empfehlen und hier anführen, geschieht dies nicht. Es geht damit alles ruhig zu, laute und wiederholte Befehle gibt es nicht. Man bleibt mit seinem Hund sozusagen gesellschaftsfähig.

Lernschritt 1
Verlassen wir mit dem angeleinten Hund unseren Wohnbereich, bringen wir ihn vor dem geschlossenen Gartentor – es kann auch die geschlossene Haustüre sein – sanft, aber bestimmt zum Sitzen. Dazu heben wir das Halsband deutlich an und belasten mit leichtem Fingerdruck die Kruppe des Tieres. Erst wenn der Hund sitzt, bekräftigen wir mit dem ge-

dehnt und lobend gesprochenen Hörzeichen »Siiiitz« sein Tun. Gleichzeitig lassen wir die Leine wieder locker. Nach einer nicht zu kurzen Pause öffnen wir das Gartentor beziehungsweise die Haustür. Erhebt sich jetzt der Hund, sprechen wir ein ruhiges »Nein«, schließen das Tor oder die Tür und bringen den Hund erneut wie zuvor zum Sitzen. Diesen Vorgang wiederholen wir, bis der Hund beim Öffnen sicher sitzenbleibt.

Fehler: Gehen wir nicht exakt und mit großer Gelassenheit vor, dazu mit aller Konsequenz, bleibt die Übung wirkungslos. Überlegen wir uns also zuerst, ob wir heute wirklich genügend Zeit und Geduld aufbringen. Ist dies nicht der Fall, nehmen wir die Übung besser gar nicht in Angriff. Jede Erregung und Ungeduld wäre falsch.

Tip: Fassen wir diese und jede andere Übung mit dem Hund als Entspannungsübung für uns selbst auf, erreichen wir das angestrebte Ziel schneller und sicherer. Unser absolut ruhiges (weil entspanntes) Verhalten überträgt sich nämlich auf den in dieser Beziehung sensibel reagierenden Hund. Er wird damit stärker beeinflußt, als mit schimpfen und drohen.

Lernschritt 2
Nun treten wir nach einem freundlichen »Komm« mit dem Hund vor das Tor oder die Tür und bringen ihn hier ein zweites Mal zum Sitzen wie oben beschrieben wurde. Danach schließen wir das Tor oder die Tür. Auch jetzt achten wir darauf, daß der Hund in Sitzstellung verbleibt. Tut er das nicht, reagieren wir genau wie zuvor. Das heißt: Wir öffnen Tür oder Tor erneut und beginnen wieder mit dem Setzen des Hundes an unserer Seite.

Fehler: Ein herzliches Lob erhält der Hund nicht irgendwann, sondern erst dann, wenn die Übung erfolgreich beendet ist. Und beim Lob darf der Hund nicht die Sitzstellung verlassen, sonst müssen wir die Übung – ganz von vorn beginnend – wiederholen. Nach dem Lob dürfen wir nicht einfach weitergehen, sondern wir richten uns auf, machen eine Pause, sprechen freundlich »Komm« und setzen uns daraufhin in Bewegung.

Tip: Auch ein Hund, der zuerst willig reagiert hat auf unser Vorgehen, kann sich plötzlich zu sträuben beginnen. Das ist ein wichtiger und begrüßenswerter Augenblick. Denn nun bietet sich die Gelegenheit, uns in aller Ruhe bei dem Hund durchzusetzen. Das geschieht durch unentwegtes und exaktes Wiederholen der Übung. Dabei stellen wir uns innerlich mit Vorteil auf eine fünffache Wiederholung ein. Das hilft uns, unter allen Umständen gelassen zu bleiben. Der Erfolg wird sich in der Regel früher einstellen.

Ist dieses Vorgehen zu kompliziert?
Sollten dem Leser die oben beschriebenen Vorgänge zu kompliziert und aufwendig erscheinen, möge er bedenken, daß es sich um angewandte Übungen handelt, die unter erschwerten Bedingungen durchgeführt werden. Sie bringen den Hund dort unter seine Kontrolle, wo dies im Alltag unbedingt erforderlich ist. Daß dies nützlicher und wirkungsvoller ist, als wenn wir es bei Gehorsamsübungen auf dem grünen Rasen belassen, wurde bereits gesagt.

Die Erfahrung zeigt übrigens, daß in jedem Falle, wo man sich die Mühe nimmt, beim Verlassen des Hauses oder des Gartens derart minutiös vorzugehen, mehr als das direkt angestrebte Ziel erreicht wird. Es bildet sich dabei nämlich fast mühelos eine bessere Verständigung zwischen dem Besitzer und seinem Hund. Das ist dann unschwer am sicheren Umgang des Meisters mit seinem vierbeinigen Hausgenossen und dessen Ansprechbarkeit und Folgsamkeit zu erkennen. Zudem gewöhnt sich dabei der Hund daran, weder Türen noch Tore im Schnellgang zu passieren.

Das Überqueren einer Fahrbahn

Lernschritt 1
Wir bringen den Hund am Trottoirrand zum Sitzen, genau gleich, wie wir das vor dem Gartentor gemacht haben. Danach warten wir aufgerichtet und entspannt einige Sekunden. Bleibt der Hund sitzen, beginnen wir nach einem freundlich gesprochenen »Komm« die Straße zu überqueren. Bleibt der Hund nicht in Sitzstellung, bringen wir ihn nach dem ruhig zu sprechenden »Nein« erneut zum Sitzen.

Fehler: Auch hier wirkt sich jede Unsicherheit im Vorgehen negativ aus. Das bedeutet: Der Hund kann nur dann merken, was wir von ihm erwarten, wenn wir konzentriert und stets in gleicher Weise handeln. Unüberlegtes, hastiges Durchführen ist somit falsch. Man sollte nie etwas »noch schnell« mit seinem Hund tun wollen, nur damit es erledigt ist.

Tip: Fühlen wir uns nicht in Stimmung, um ruhig und genau vorgehen zu können, oder ist die Situation dazu ungünstig (zum Beispiel wenn viele Personen nachdrängen), lassen wir die Übung besser bleiben. Wir führen den Hund ganz einfach an der Leine über die Straße und verlangen nichts weiter von ihm.

Das ist nicht schlimm, denn jeder Hund kann verschiedene Einflußbereiche unterscheiden. So wird er dennoch ansprechbar für späteres exaktes Vorgehen bleiben. Und mit der Zeit wird er von sich aus vor dem Passieren eines Verkehrsweges absitzen.

Lernschritt 2
Drängt sich der Hund beim Überqueren der Straße ins Halsband, nehmen wir ihn massiv zurück und geben die Leine unverzüglich wieder frei, so daß sie locker durchhängt. Dabei verändern wir unser Schrittempo nicht. Auch wirken wir nicht zusätzlich mit Worten auf den Hund ein.

Fehler: Leinenführigkeit sollte man beim Junghund nicht mit dem Beifußgehen erreichen wollen. Das Gehen exakt am linken Knie des Führers ist eine hundesportliche Übung, die der entsprechenden Ausbildung vorzubehalten ist.

Tip: Es lohnt sich, den Hund anfangs nur an das Mitgehen bei locker durchhängender Leine zu gewöhnen, ohne dabei mit Hörzeichen wie »Fuß!« auf ihn einzuwirken. Dies ist mit Gehen und mehrfachem Wenden auf einer geraden Linie recht bald anzugewöhnen. Für die alltägliche Praxis genügt das vollauf.

Lernschritt 3
Auf dem gegenüberliegenden Trottoir angelangt, bringen wir den Hund erneut in Sitzstellung, ohne zuvor unsere Gehrichtung zu verändern. Der Hund sitzt also mit dem Rücken zur Straße. Nach einer Pause, wobei man wenn möglich eines oder mehrere Fahrzeuge passieren läßt, gehen wir nach einem freundlich gesprochenen »Komm« weiter.

Fehler: Besonders fehlerhaft ist bei dieser

angewandten Übung ein innerer Widerstand des Besitzers gegen das empfohlene Vorgehen. Handeln wir nämlich halbherzig, merkt das der Hund sofort, und er entzieht sich dann unserem Einfluß. Deshalb sei hier die Begründung dafür gegeben, warum man nach dem Überqueren der Fahrbahn den Hund nochmals zum Sitzen bringt. Dadurch ergibt sich beim Hund eine deutlich wahrnehmbare Fixierung auf diesen Punkt jenseits der Straße. Er stellt sich zunehmend darauf ein, überquert geradlinig und bleibt gut unter Kontrolle.

Tip: Mit temperamentvollen Hunden empfiehlt es sich ganz besonders, dieses Vorgehen auch bei Treppen anzuwenden. Danach ist der Hund oben an der Treppe und, zum zweitenmal, am Treppenfuß in Sitzstellung zu bringen. Damit setzen wir die Gefahr herab, vom Hund beim Begehen der Treppe umgerissen zu werden, was schon oft zu Unfällen geführt hat.

Mit dem schreckhaften Hund im Stadtverkehr

Zeigt ein junger Hund beim Herannahen von Fahrzeugen deutlich Angst, sollte man ihn nicht mit Tätscheln und Worten beruhigen wollen. Der Hund empfindet dies als Lob für sein Fehlverhalten, das sich damit in der Folge zunehmend verstärkt. Besser tun wir so, als bemerkten wir seine Verunsicherung gar nicht. Erst wenn er sich beruhigt hat, wird er herzlich gelobt.

Es ist in jedem Fall von Angstreaktionen richtig, daß wir den Hund sich selbst überlassen. Nur dann hat er die Möglichkeit zu lernen, daß ihm bei den ihn schreckenden Erscheinungen nichts passiert. Drängt er sich jedoch in die Leine, sozusagen um zu flüchten, befördern wir ihn mit aller Kraft zurück und geben die Leine gleich wieder frei, so daß sie locker durchhängt. Jetzt steht oder sitzt der Hund wieder im Gleichgewicht. Das gibt ihm die beste Chance, sich an den Verkehr, der ihn ängstigt, zu gewöhnen.

Das beste Mittel, um einen unsicheren Hund zu beruhigen, besteht in der Ablenkung. Haben wir ihn schon soweit erzogen, daß er bestimmte Übungen auf unser Hörzeichen hin willig ausführt, können wir darauf zurückgreifen. Es ist oft erstaunlich, wie ein verunsicherter Hund seine Gelassenheit zurückgewinnt, sobald man mit vertrauten Worten und Zeichen etwas von ihm verlangt, das er schon zu tun gewohnt ist und wofür er auch jedesmal gelobt worden ist. Als eine wirksame Übung zur Ablenkung des Hundes bietet sich die oben erwähnte Sitzübung an.

Zum Schluß noch eine Warnung: Wickeln Sie nie die Leine um das Handgelenk, um Ihren schreckhaften Hund besser zurückhalten zu können. Selbst ein kleiner Hund vermag Sie mit einem unerwarteten Fluchtversuch aus dem Gleichgewicht zu bringen. Unfälle solcher Art sind keine Seltenheit. Denn Kraft ist gleich Masse mal Beschleunigung. Und das wirkt sich bei der Größe und der Kraft unseres Deutschen Schäferhundes besonders gravierend aus.

Der Hund im und um das Auto

Beim Besteigen und Verlassen des Wagens bieten sich uns täglich einige sehr nützliche

Übungsmöglichkeiten an. Vor dem Einsteigen lassen wir den Hund sich setzen und fordern ihn zum Bleiben auf. Dann erst öffnen wir die Wagentür, wobei der Hund auf seinem Platz zu verharren hat. Nach einer Pause muntern wir ihn zum Besteigen des Wagens auf.

Beim Aussteigen öffnen wir die Wagentür, wobei wir den Hund mit Hör- und Sichtzeichen zum Bleiben auffordern. Nach einer Pause wird er zum Herauskommen ermuntert, indem man ihn korrekt abruft und an der Seite zum Sitzen bringt. Hier fordern wir ihn zum Bleiben auf, wonach wir den Wagen schließen. Dann treten wir zum Hund zurück, der an dem zugewiesenen Platz auf uns gewartet hat (siehe auch S. 46+47).

Mit diesem Vorgehen beugen wir jenen Unfällen vor, die sich immer wieder mit Hunden ergeben, welche unkontrolliert aus einem Wagen stürmen. Sei es aus Bewegungsdrang, sei es, weil sie beim Anhalten des Wagens von uns unbemerkt irgend etwas erblickt haben, das sie zum Verfolgen reizt. So etwa einen fremden Hund oder eine Katze.

Hund und Auto sind heute bei den meisten Besitzern zwei Dinge, die zusammengehören. Für fast alle Deutschen Schäferhunde wird der Wagen zum geliebten Zweitheim, das er bewacht.

Was beim Mitführen eines Hundes im Auto zu beachten ist

— Der Hund gehört auf der Fahrt in den hinteren Bereich des Wagens. Er ist möglichst so zu sichern, daß er den Lenker nicht beeinträchtigen kann, auch bei einer Vollbremsung nicht. Es ist ihm soviel Raum zu gewähren, daß er sich hinlegen kann. Wer ganz sicher gehen will, ohne ein Netz oder ein Gitter zu montieren, kann sich im Fachhandel einen Anschnallgurt für Hunde besorgen.

— Im parkierten Wagen darf der Hund nicht angeleint zurückgelassen werden, da er sich strangulieren könnte. Es sind weder Eßwaren noch gefährliche Stoffe wie Putzmittel für den Hund erreichbar im Fahrzeug zu belassen.

— Im stillstehenden Wagen benötigt der Hund genügend Frischluft, auch im Winter. Im Sommer ist zu beachten, daß die Sonne sich bewegt und die Schatten rascher wan-

Im Bereich von Fahrbahnen gehört der Hund an die Leine. Das besterzogene Tier kann durch einen übermächtigen Reiz (Katze am Rand der Fahrbahn) zum plötzlichen Überqueren veranlaßt werden und vor einen Wagen geraten.

dern, als man oft annimmt. Die Fenster sind beidseitig mehr als spaltbreit zu öffnen, dies auch dann, wenn der Wagen im Schatten steht.

– Das Auto wird mit Vorteil dort parkiert, wo möglichst wenig Personen mit oder ohne Hund vorbeigehen. Erregt sich der Hund im Wagen, könnte er bei geöffneten Fenstern die Passanten verletzen. Um dem vorzubeugen, sind in der Scheibenöffnung einzuklemmende Scherengitter nützlich. Nimmt man durch Verhängen der Fenster dem Hund die Sicht, bleibt er ruhiger. Freilich muß auch dann die Durchlüftung gewährleistet bleiben. Bleibt man länger weg, sollte man ab und zu eine Kontrolle machen.

– Vor jeder Fahrt sollte der Hund etwas bewegt und versäubert werden. Ist man länger unterwegs, nimmt man Wasser und ein geeignetes Gefäß mit, um ihm dieses auch vorsetzen zu können.

– Der noch nicht ans Auto gewöhnte Hund sollte während der Fahrt von einer Person betreut werden. Zeigt er durch Speichelfluß oder Unruhe an, daß ihm schlecht wird, hält man kurz an und bewegt ihn an der Leine einige Schritte. Dies lohnt sich, da ein Hund, der einmal im Wagen erbricht, dies dann während längerer Zeit tun wird. Um das zu verhindern, empfiehlt sich eine ruhige Fahrweise, dies besonders auf kurvenreichen Strecken. Außerdem kann man den noch nicht autofesten Hund mit einem Spielzeug oder einem Kauknochen ablenken, was sich in manchen Fällen bewährt hat.

– Beginnt der Hund im Wagen zu kläffen, sollte man ihn weder zu beruhigen versuchen noch ihn ausschelten. Mit beidem verstärkt sich nur sein Kläffen. Denn die Beruhigung empfindet er als Lob für sein Fehlverhalten, und aus dem Schelten hört er nur unsere eigene Erregtheit heraus und fühlt sich unterstützt. Besser wirkt auch hier Ablenkung in irgendeiner Form. Notfalls muß man dem Hund die Sicht nach außen nehmen, was am leichtesten mit einer Transportbox zu machen ist.

– Ganz allgemein läßt sich sagen: Der Hund ist ein Gewohnheitstier. Wendet man Geduld gepaart mit Konsequenz an, ist er bald einmal zu einem erwünschten Verhalten zu bringen. Wer zu bequem ist dazu, sollte nicht dem Hund, sondern sich selbst Vorwürfe machen, wenn sich eine unerwünschte Gewohnheit im Tier festsetzt.

9. Beim Spaziergang lernen

Ganz allgemein gilt: Wer seinem Hund keine Anregungen bietet, wird von ihm auch nicht Aufmerksamkeit und Kontaktnahme erwarten können. Wir sind meistens selber schuld, wenn sich unser Hund immer weniger für uns, aber zunehmend für anderes interessiert. Das führt bald einmal dazu, daß seine Beziehung zu uns schwächer wird. Damit verschlechtert sich auch die Folgsamkeit unseres Hundes.

Leute, die beim Spazieren lieber eigenen Gedanken nachhängen oder mit anderen Personen plaudern, als sich zumindest ab und zu voll ihrem Hund zuzuwenden, lassen sich etwas sehr Wichtiges entgehen: Den Aufbau eines sich ständig vertiefenden Kontaktes zum Hund. Gerade das jedoch läßt sich beim Spazieren fast mühelos erreichen, wenn man die Gelegenheit dazu wahrnimmt. Hinzu kommt, daß wir ebenfalls eine Menge über unseren Hund und sein Verhalten lernen, wenn wir uns auf dem Spaziergang mit ihm beschäftigen.

Aufgaben stellen

Von Zeit zu Zeit sollten wir etwas mit ihm unternehmen. Am besten lassen wir uns dabei von den Gegebenheiten unserer üblichen Spazierstrecke anregen. Befindet sich irgendwo ein gefällter Baum, fordern wir ihn auf, diesen zu begehen, wenn möglich auch darauf zu wenden. Ist das Spiel beendet, nehmen wir ihn bei Fuß und warten, bevor wir ihn wiederum zum Freilaufen ermuntern. Wenn wir solche und ähnliche Übungen einflechten,

werden wir bald erfahren, daß sich unser Hund auf jeden derartigen Ort der Handlung freut, dorthin vorausrennt und wartet oder schon allein den Stamm erklimmt. Das Ganze ist für ihn zu einem erlebenswerten Ereignis geworden, wo er unsere Zuwendung genießen darf.

Nun gibt es auf einer Spazierstrecke manche Dinge, die wir unserem Hund auf diese Weise lieb machen können. Es kann aber auch vorkommen, daß er eine neue Aufgabe vorerst gar nicht schätzt. Für uns ist dies ein Glücksfall, denn hier bietet sich die Gelegenheit, uns dem Hund gegenüber durchzusetzen, bis er schließlich den anfangs verweigerten Vorgang ebenso schätzt, ja oft noch attraktiver findet als jene Aufgaben, die er gleich auszuführen imstande war. Zum Beispiel der schräg abfallende Blechdeckel einer Sandkiste, auf den wir den Hund zuerst heben mußten, und den er nun spontan besteigt, und bei dem er sich nicht mehr an dem für seine Pfoten wenig Halt bietenden Material stört. Ein weiteres Beispiel, das bei manchen Hunden anfangs Hemmungen auslöst, sind Rohre, die zur Entwässerung unter Wegen durchführen und zumeist nur geringfügig Wasser enthalten. Mit einiger Geduld und Konsequenz bringt man am Ende jeden Hund dazu, hier durchzuschlüpfen. Freilich darf dabei kein Druck ausgeübt werden. Es ist eine Frage der Geschicklichkeit der Besitzer, ob es ihnen gelingt, den Hund an ein solches Engnis zu gewöhnen und ihn zum Hindurchgehen zu motivieren. Sind diese Hemmungen einmal überwunden, tut er es liebend gern, dies ganz

Der gesunde junge Schäferhund steckt voller Neugier. Er will dabeisein und miterleben. Dabei lernt er fortwährend, und seine Wesenssicherheit nimmt ständig zu.

Das gilt auch für die Begegnung mit anderen Hunden. Wir sollten dabei nie mit Rufen ängstlich reagieren, oder den Hund gar von Begegnungen fernhalten.

besonders an heißen Tagen, weil es darin wunderbar kühl ist. Natürlich muß man sich stets vergewissern, daß so ein Rohr durchgehend ist, damit der Hund nicht darin steckenbleibt.

Anwenden der Grundübungen

Erreichen wir das Spaziergelände mit dem angeleinten Hund, können wir die Grundübung »Gehen, Anhalten und Setzen« gleich zu Anfang einschalten. Dazu bringen wir den Hund genau nach der früher beschriebenen Anleitung in Sitzstellung. Nach einer Pause wird er gelobt, worauf wir wiederum zwei Sekunden entspannt warten. Erst jetzt wird er abgeleint, darf aber noch nicht wegrennen, was er angesichts des ihm vertrauten Terrains gern tun würde. Erst nach der obligaten Wartepause ermuntern wir ihn mit einem sich stets gleichbleibenden Hörzeichen wie »Frei« oder »Lauf« dazu.

Gelingt uns diese Übung am Beginn des

Spaziergangs, haben wir nicht nur den Gehorsam des Hundes unter erschwerten Bedingungen geprüft. Gleichzeitig hat sich unser Einfluß auf ihn erheblich vertieft.

Wo wir auf dem Spaziergang etwas verweilen möchten, zum Beispiel auf einer Bank, um

Wir verpassen viele Möglichkeiten dem Hund näher zu kommen und Einfluß auf ihn zu gewinnen, wenn wir ihn auf dem Spaziergang sich selbst überlassen. Bleiben wir mit ihm in Kontakt, unternehmen wir immer wieder etwas mit ihm!

Die Gewöhnung an Wildgeruch aller Art im Tierpark setzt beim Hund den Anreiz zum Verfolgen von Wild in der freien Wildbahn herab.

Miteinander auch steile Geländepartien zu bewältigen, stärkt das gegenseitige Vertrauen.

Rasch lernt der junge Hund, sich auch am Fahrrad richtig zu benehmen.

die Aussicht zu genießen, führen wir die Bleibübung aus, wie dies im Kapitel über die Grundübungen erläutert worden ist.

Um das Abrufen sicherer werden zu lassen, schalten wir die Abrufübung zwei- bis dreimal pro Spaziergang ein. Dies aber nur, wenn eigentlich zum Herbeirufen kein Anlaß bestünde, also rein übungsmäßig. Auch hier muß der Vorgang exakt nach der gegebenen Anleitung erfolgen, wollen wir damit wirklich ein sicher funktionierendes Abrufen erreichen. Die Konsequenz im Vorgehen ist eben die Aufgabe des Besitzers. Nur damit werden wir mit unseren Erziehungsbemühungen erfolgreich sein.

Kontakt-Spiele

Dazu gehört das beliebte Werfen von Stöcken. Man sollte aber niemals ins Feld geworfene Stöcke dort liegenlassen. Wird später gemäht oder geerntet, geraten solche Hölzer leicht in die landwirtschaftlichen Maschinen und beschädigen diese.

Manche Hunde sind ganz vernarrt in dieses Spiel und rasen unentwegt hinter den Wurfobjekten her. Es kann sich natürlich auch um Bälle oder Wurfringe handeln. Betreiben wir Hundesport, ist diese Beschäftigung mit Stöcken insofern heikel, als sie zumeist dazu führt, daß dann das Apportierholz beim Heranbringen geknautscht wird, was immerhin einige Punkte kostet. Doch läßt sich dies vermeiden, wenn man sich die Stöcke vom Junghund nie apportieren läßt und dies nur mit dem Bringholz verlangt.

Nun läßt sich das Stockspiel bedeutend interessanter gestalten, wenn wir dazu über-
gehen, den Stock hier und dort zu verstecken. Hat der Hund schon gelernt, im Sitzen oder Liegen an Ort zu verharren, können wir ihn dabei zuschauen lassen, dann zu ihm hingehen, ihn noch Laut geben lassen und dann erst zum Hinrennen aufmuntern. Wir können auch einen Stock vor den Augen des Hundes an bestimmter Stelle des Spazierweges deponieren. Er wird beim nächsten Spaziergang freudig und intensiv nach ihm suchen. Legt man den Stock so hoch, daß er ihn nicht erreichen kann, ist ein Hund in dieser Situation leicht zum Verbellen anzuregen, wonach er als Belohnung den Stock erhält. Mit derartigen Stockdepots läßt sich eine ganze Wegstrecke ausstatten, wodurch die Sache für Hund und Meister unerhört spannend werden kann.

Umweg-Versuche

Ein Spiel, das auch für eine spätere Gebrauchshunde-Ausbildung sehr förderlich ist, besteht im Veranlassen des Hundes, einen Umweg um ein Gebäude, um eine Hecke, einen Graben oder einen Kanal (von Brücke zu Brücke) zu machen, während wir auf dem üblichen Spazierweg weitergehen. Man beginnt mit einem größeren Busch oder einem Gemäuer, die am Wegrand stehen. Meistens ist es nötig, den Hund anfänglich dahinter zum Bleiben zu bringen, um ihn dann von der andern Seite her abzurufen. Doch bald merkt sich der Hund unser Hörzeichen (zum Beispiel »geh drumrum!«) und unser Sichtzeichen (mit Arm und Hand zu geben). Mit der Zeit kann man ihn dann auch an ähnlichen Stellen zu einer Umgehung ermuntern. Bei solchen Übungen ist jeder Druck und jede Ungeduld fehl am Platz. Das, was wir ja eigentlich anstreben, ist mehr Kontakt zum Hund und eine erhöhte Verständigungsmöglichkeit mit ihm. Und das erreichen wir nur, wenn wir selbst stets locker und entspannt bleiben und nicht plötzlich aus falschem Ehrgeiz zuviel vom Hund verlangen. Gerade bei diesen Übungen lernen wir die Grenzen der Intelligenz beim Hund erkennen und Überforderungen vermeiden. Mit Geduld und Konsequenz von unserer Seite wird der Hund nach und nach fast alles tun, was wir vernünftigerweise von ihm verlangen können.

Wenn sich der Besitzer versteckt
Statt daß wir ständig nach dem Hund rufen, wenn er sich etwas weit entfernt, sollten wir uns besser ab und zu wortlos in ein Versteck begeben. Der Hund muß uns dann suchen, was er auch voller Spannung und mit großer Ausdauer tut. Zudem wird der Hund dadurch bedeutend aufmerksamer in bezug auf unsere Person bei Spaziergängen und Wanderungen. Wir haben dann bald einmal einen Hund, nach dem wir uns nicht laufend umsehen müssen, weil er uns aus eigenem Antrieb ständig im Auge behält. Insofern vertieft dieses Versteckspiel unsere gegenseitige Beziehung, was sich auch positiv auf den Gehorsam des Hundes auswirkt.

Die Rückwärts-Suche
Mit einem Gegenstand, zu dem der Hund zu Hause eine besondere Beziehung entwickelt hat, können wir ebenfalls ein spannendes Spiel gestalten. Wir nehmen das Ding einmal mit auf den Spaziergang, tragen es in der Tasche und zeigen es dann an geeigneter Stelle dem Hund. Anfangs leinen wir ihn dazu an, legen das Ding so vor ihm nieder, daß er

es gerade nicht erreichen kann. Dann entfernen wir uns mit ihm und gehen eine Strecke weit. Nun lösen wir ihn im Gehen von der Leine. Er wird normalerweise zurückeilen, wobei wir ihm ein Hörzeichen wie »hol das Ding!« nachrufen. Dieses Hörzeichen verknüpft sich mit seiner Aktion, so daß wir ihn später damit auf unserer Spur zurückschicken können, ohne daß er das Ablegen des Gegenstandes zuvor bemerkt hat. Wir bleiben nach dem Start des Hundes nicht stehen, sondern gehen in der zuerst eingeschlagenen Richtung weiter, bis wir den Hund von hinten herankommen hören. Jetzt halten wir an und wenden uns dem Hund zu, wobei wir versuchen, ihm das Ding abzunehmen. Auf diese Weise sind schon Hunde zum Apportieren gebracht worden, die sich vorher nicht dazu veranlassen ließen. Natürlich läßt sich mit der Zeit die Distanz zum abgelegten Gegenstand erheblich vergrößern. Mit einem suchfreudigen und ausdauernden Hund kann sich eine solche Rückwärtssuche über einen Kilometer erstrecken.

Begegnungen und Konfrontationen

Treffen wir auf unseren Spaziergängen auf einen uns unbekannten Hundebesitzer mit seinem Vierbeiner, beschleicht uns oft eine gewisse Ängstlichkeit. Ist der andere Hund größer, fürchten wir, er könnte unseren Liebling angreifen. Ist unser Hund mächtiger, gilt unsere Angst der Gefahr, die dem anderen Hund droht. Was sollen wir tun?

1. *Keine Angst erkennen lassen:* Die auf-

Haben wir uns beim Junghund nicht störend eingemischt bei Begegnungen mit anderen Hunden, wird er sich auch später hundegerecht zu benehmen wissen. Zwei gleichermaßen wesenssichere Rüden in Imponierhaltung. Rufen wir aufgeregt, kommt es leicht zur Rauferei.

Bleiben wir still und stumm, und gehen wir ruhig weiter, entspannen sie sich und lassen voneinander ab.

Auch gegenüber kleinen Hunden erweist sich unser Deutscher Schäferhund verträglich, wenn wir ihn zuvor nicht ständig durch Rufen verunsichert haben.

Schwierig wird eine Begegnung dann, wenn ein Gegenstand am Boden liegt, der vom einen oder anderen Tier herbeigebracht worden ist. Dort wo Hunde freilaufen, sollten wir nicht mit Stöcken oder Bällen werfen.

kommende Angst sollten wir in keinem Fall unseren Hund spüren lassen. Rufen wir ihn beispielsweise aufgeregt herbei, oder zerren wir ihn an der Leine abrupt zurück, stimmen wir ihn aggressiv. Bleiben wir dagegen ruhig und innerlich distanziert zum Hund, so fühlt er sich weder unterstützt noch zu Hilfe gerufen. Es bleibt ihm dann die Möglichkeit, die Begegnung unbeeinflusst nach Hundeart zu bestehen, und das geht nur selten schief.

2. *Orientieren des anderen Hundebesitzers:* Können wir nicht erkennen, ob es sich beim herankommenden Hund um ein gleichgeschlechtliches Tier handelt, so fragen wir am besten den anderen Hundebesitzer. Gleichzeitig informieren wir ihn über das gewöhnliche Verhalten unseres Hundes. Wird der andere Hund an der Leine geführt, können wir vorschlagen, beide Tiere frei zu lassen, was oft das beste ist. Nur müssen wir dann nicht stehen bleiben, sondern gleichmäßig weitergehen.

3. *Begegnung mit angeleintem Hund:* Sehen wir uns veranlaßt, unseren Hund an der Leine zu behalten, sorgen wir dafür, daß dieser sich nicht in die Leine stemmt. Tut er das, wird er mit aller Kraft zurückgerissen, wobei man die Leine sofort wieder durchhängen läßt. An der gestreckten Leine ist jeder Hund aggressiv, wird er an der lockeren Leine geführt, fühlt er sich mehr auf sich selbst gestellt und bleibt ruhiger.

4. *Begegnung mit freilaufendem Hund:* Falls der entgegenkommende Hundebesitzer seinen Hund an der Leine führt, bitten wir ihn, ihn freizulassen. Dann gehen wir ruhig weiter, beachten das Verhalten der beiden Tiere möglichst ohne jede Einwirkung mit Rufen oder anderen Zeichen, und entfernen uns.

Auch wenn die Hunde zu spielen beginnen sollten, halten wir uns in einer gewissen Distanz von ihnen und vom anderen Hundebesitzer. Kommt es zur Rempelei, rufen wir nur ein einziges Mal »Komm!« und entfernen uns. Damit dämpfen wir die Angriffslust unseres Hundes erheblich.

5. *Trennen von beißenden oder verbissenen Hunden:* Ist es einmal trotz richtigem Verhalten beider Hundebesitzer dazu gekommen — was äußerst selten ist —, daß die Hunde nun ernsthaft beißend aufeinander losgehen, niemals mit bloßen Händen eingreifen. Auch Schlagen oder kreischendes Brüllen schadet nur. Hat man ein Brett zur Hand oder einen aufgespannten Regenschirm, kann man diesen Gegenstand zwischen die Hunde zu schieben versuchen. Oft wirkt dies auf sie verblüffend, sie halten einen Augenblick inne, und man hat die Chance, sie zu trennen. Das allerbeste wäre auch jetzt, wenn sich beide Hundebesitzer außer Sicht der Hunde begeben würden, und zwar im Laufschritt. Aber dazu fehlen meist die Nerven. Haben sich die Hunde einmal verbissen, hebt man den höher liegenden Hund, der gepackt hat, am Halsband hoch, bis er mangels Luftzufuhr ausläßt. In diesem Augenblick muß der zweite Hundebesitzer bereit sein, seinen Vierbeiner wegzuziehen. Bei richtigem Verhalten der Besitzer kommt es freilich höchst selten zu derartigen Situationen.

Schon in der vierten Lebenswoche beginnen Welpen mit ihren Geschwistern zu spielen, zuerst recht sanft, dann immer robuster werdend. Schließlich geht es außerordentlich wild zu im Zwinger. Da wird gepackt, gezerrt und genagt, wo immer es möglich ist. Ab und zu winselt ein Welpe kurz auf, und sogleich hält sein Geschwisterwelpe, der ihn eben genießerisch bearbeitet hat, in seinem Tun inne. Das Winseln ist für ihn ein Signal, das er aus seiner Natur heraus beachtet. Im Spiel mit den Geschwistern übt er so sein Gefühl für »dosiertes Packen«. Er wird später bei Auseinandersetzungen mit anderen Hunden nicht einfach beißen und verletzen, sondern so fassen, wie es ein Hundefell auszuhalten vermag. Anders reagieren dagegen Hunde, die — etwa als Überzählige — außerhalb eines Wurfes allein aufgezogen wurden. Ihnen fehlt jenes wochenlange Training der Beißhemmung im Welpenrudel, das von der vierten bis zur achten oder zwölften Lebenswoche dauert.

Spiel mit der Mutter
Normale Welpen beziehen die Mutter respektlos ins Spiel ein, wobei sie überaus grob mit ihr umgehen. Eine gesunde und wesenssichere Hündin läßt das alles mit sich geschehen. Sie legt eine Engelsgeduld an den Tag. Doch irgendwann nach der vollendeten siebenten Lebenswoche des Wurfes ist es mit ihrer Nachsicht von einer Stunde auf die andere vorbei. Sie schaltet sozusagen von antiautoritärem Elternverhalten auf autoritäre Reaktionen um. Ihre Zurechtweisungen sind nun ebenso derb wie zuvor die Angriffe der Jungen. Noch etwas zeichnet ihr Beantworten von Belästigungen durch die Welpen aus: Es geschieht nicht nur rabiat und gezielt, die Einwirkungen erfolgen zudem kurzzeitig. Ein blitzartiges Packen und Schütteln, und schon ist es vorbei. Die Hündin verhält sich nun wieder so, als wäre überhaupt nichts geschehen. Die Sache hat sie in keiner Weise erregt. Es war ein technischer Vorgang, er ist zu Ende und die Hündin so gleichmütig wie zuvor. Von diesem Mutterverhalten können wir lernen. Genauso sollten wir unsere Korrekturen gegenüber dem Junghund durchführen: Massiv, kurz und ohne nachfolgende Schimpftiraden, die im Tone oft den Charakter von Entschuldigungen annehmen, weil wir erschrocken sind und befürchten, der Hund werde uns seine Anhänglichkeit entziehen. Damit begeht man einen grundlegenden Fehler. Man verunmöglicht es nämlich dem Hund, den Sinn der Korrektur auf seine Weise zu verstehen.

Rempeln ist noch lange nicht Raufen
Gesunde Junghunde beiderlei Geschlechts rempeln sich oft und gern an. Hat das ihnen im Welpenalter nie irgendwelche Einmischungen Dritter zugezogen, jetzt sind sie stets in Begleitung eines menschlichen »Rudelpartners«, der leider nicht immer Verständnis für solche Balgereien zeigt. Und allzuoft greift er unverhältnismäßig früh und dazu noch falsch ein. Gerade dadurch verunsichert er den Hund und läßt nun auch ihn falsch reagieren gegenüber dem anderen Vierbeiner. In diesem vom Menschen ausgelösten Fehlverhalten liegt es meist begründet, wenn ein normaler temperamentvoller Hund zum Raufer wird. Man sollte deshalb solche Leute vor einen Zwinger führen, darin ein Wurf sich nach Herzenslust balgt.

Diese Kampfspiele, welche besonders von der achten bis zwölften Lebenswoche der Welpen orgiastische Höhepunkte erreichen (Rangordnungsphase), bieten den besten Anschauungsunterricht für hundliches Verhalten bei Auseinandersetzungen mit Artgenossen. Das Vorgehen ist herzhaft und grob, aber ohne jede Bösartigkeit.

10. Ernährung, Pflege und Krankheits-Symptome

Unser Deutscher Schäferhund bleibt normalerweise gesund und munter, wenn wir ihn regelmäßig und vernünftig füttern und ebenso bewegen. Natürlich muß er auch regelmäßig gepflegt, vor allem gebürstet, und mit den tierärztlich empfohlenen oder gesetzlich vorgeschriebenen Schutzimpfungen versehen werden. Wichtig ist, daß wir unseren Hund immer beobachten, damit uns nicht entgeht, wenn sich an seinem Zustand etwas verändert. Es könnte sich nämlich um das Anzeichen einer Erkrankung handeln. Wann der Besuch beim Tierarzt erforderlich ist, werden wir im Abschnitt über Krankheits-Symptome erörtern.

Die Ernährung

Wird der Welpe nach der Übernahme noch dreimal gefüttert, geschieht dies beim Junghund bald nur noch zweimal am Tag. Im Laufe der Entwicklung zum erwachsenen Tier wird es sich zeigen, ob zum einmaligen Vorsetzen des Napfs überzugehen ist. Das tut man, wenn der Hund beginnt, Nahrung im Topf zurückzulassen. Geschieht das nicht, beläßt man es bei der zweimaligen Fütterung pro Tag. Im Hinblick auf die nicht selten auftretende Magendrehung (besonders bei großen Hunden) ist es sinnvoll, den Magen des Hundes auf diese Weise nicht zu sehr zu belasten.

Es gibt aber viele Hunde, die spontan zur einmaligen Fütterung neigen, und uns dies auch merken lassen.

Die Freßgewohnheiten, aber auch die Verträglichkeit der Nahrung, sind von Hund zu Hund sehr verschieden. Es lassen sich für die Wahl des Futters keine Regeln aufstellen. Was dem einen bekommt, belastet den anderen. Sei es, daß er damit zum Durchfall neigt, sei es, daß er sich häufig kratzt und an Ekzemen zu leiden beginnt. Hier muß man ganz einfach ausprobieren, was für den eigenen Hund das beste ist. Der Tierarzt wird uns in Fällen, wo Ekzeme aufgetreten sind, beraten. Es muß aber nicht unbedingt ein teures Diätprodukt sein, das zu einer Besserung führt. In manchen Fällen bringt uns ein einfacher Futterwechsel dasselbe Resultat.

Was dem Hund gut tut, dabei sollte man bleiben
Hunde sind nicht wie wir Menschen auf Abwechslung angewiesen. Sie lieben vielmehr eine gewisse Kontinuität der Nahrungsart. Daneben erhalten sie ja zumeist noch einige Leckerbissen. Das sollte man freilich nicht übertreiben, sonst wird das Tier zu dick. Beim Deutschen Schäferhund sollte man beim Ergreifen der Haut nicht eine dicke Fettschicht feststellen, die Rippen sollten gut fühlbar sein.

Die Futtermenge muß dem Hund ebenfalls angepaßt werden. Es gibt auch hier keine Norm. Die einen brauchen mehr, die anderen weniger.

Bei der heute von vielen Firmen angebotenen Fertignahrung kann man davon ausgehen, daß sie gut aufgebaut ist. Was dem Hund auf die Dauer schaden kann, sind Konservierungsmittel. In der Büchsennahrung gibt es relativ wenige solche Stoffe. Hingegen sind die der Flockennahrung beigefügten Brocken aus Trockenfleisch zwangsläufig stark konserviert. Bei empfindlichen Hunden empfiehlt es sich deshalb, Flocken ohne Fleischzusatz zu kaufen. Man kann Rohfleisch – bei Bedarf leicht angebrüht – oder Büchsenfleisch beimischen. Gegen das gelegentliche Vorsetzen von Speiseresten ist bei gesunden Hunden nichts einzuwenden, sofern sich der Hund damit unbelastet erweist. Röhrenknochen sind zu vermeiden, andere Knochen aber dann zu geben, wenn sie der Hund gut verträgt. Dringend angewiesen auf Knochen ist der Hund jedoch nicht. Jene Stoffe, die er benötigt, sind in den angebotenen Futtermitteln enthalten.

Trocken oder feucht vorsetzen?
Nach unserer Erfahrung ist angefeuchtete Nahrung dem Hund auf die Dauer bekömmlicher als jene dehydrierten Futterbrocken, bei denen der Hersteller empfiehlt, den Wassernapf einfach daneben zu stellen. Es ist aber zu befürchten, daß dies manche Besitzer aus Bequemlichkeit tun.

Natürlich ist auch Reis und Brei aus anderem Getreide eine bekömmliche Nahrung, die man selber herstellen kann. Bei vorübergehenden Verdauungsbeschwerden kann dies gute Dienste leisten.

Zur besseren Übersicht beachte man das nebenstehende Kästchen.

Dem Betteln vorbeugen
Ist unser Hund ein Bettelsack, so stellt uns das kein gutes Zeugnis aus, weder für unsere Tierliebe, noch für unsere eigenen Manieren. Schließlich bringen wir auch unseren Kindern

Wie füttern?

1. Wie oft? Der vier Monate alte Hund bekommt noch drei- bis viermal täglich sein Futter. Der sechs Monate alte Hund zwei- bis dreimal, der erwachsene Hund ein- bis zweimal. Wer seinen Hund beobachtet, merkt, wann eine Mahlzeit weniger gegeben werden kann.

2. Wann? Wenn möglich immer zur selben Zeit. Der Hund stellt sich dann auf den gewählten Zeitpunkt ein, wartet ruhiger und neigt weniger zum Betteln. Zudem wird er den Kot dadurch zur selben Zeit absetzen.

3. Wo? Immer am selben Ort und aus demselben Topf. Der Platz soll vor Sonne, Wetter und Störungen geschützt, und der Topf soll sauber sein.

4. Was? Die Produkte der Industrie sind recht gut, aber nicht jeder Hund verträgt jedes Fabrikat. Beobachten und bei Bedarf wechseln. Frischfleisch ist besonders für junge Hunde wichtig.

5. Was noch? Nicht zu kleine Kalbs- oder Rindsknochen sind am bekömmlichsten. Es gibt jedoch Hunde, die gar keine Knochen vertragen. Speisereste, auch gewürzte, können zur Abwechslung beigegeben werden.

6. Wieviel? Futtermenge dem Bedürfnis des Hundes anpassen. Zusätzliche Leckerbissen nur gezielt und nicht nach Laune von Hund oder Meister geben. Bei Tisch niemals!

7. Wie warm? Nicht aus dem Kühlschrank. Nie zu heiß, höchstens handwarm.

8. Wasser? In einer separaten Schüssel soll frisches Wasser für den Hund ständig erreichbar sein.

9. Vorsicht! Nicht vor Spaziergängen oder Sportleistungen füttern.

10. Fasten? Ein wöchentlicher Fasttag ist gesund, besonders für Hunde, die relativ wenig Bewegung haben.

bei, sich so zu verhalten, daß sie sich in einer menschlichen Gemeinschaft einfügen können und damit von dieser akzeptiert werden. In diesem Sinne sollten wir auch unseren Hund nicht für unsere engste Umgebung allein erziehen, sondern so, daß er überall als ein angenehmer Vierbeiner erkannt und geschätzt wird.

Dazu gehört, daß wir unseren Deutschen Schäferhund regelmäßig füttern. Zusätzliche Leckerbissen geben wir ihm nur bei ganz bestimmten Gelegenheiten. So zum Beispiel, wenn er in den Garten geschickt wurde, dort sein Wasser gelöst hat und nun wieder hereinkommt. Grundsätzlich also nur als Belohnung für etwas, das er wunschgemäß getan hat.

Beim ausdrucksvollen Bettelblick des Hundes ist es oft schwer, die eigenen Familienmitglieder vom Verwöhnen des Tieres mit Leckerbissen abzuhalten. Doch es lohnt sich, hier durchzugreifen. Denn ein Schäferhund, der sich zu jedermann hindrängt und dort penetrant bettelt, ist bald einmal nirgends mehr willkommen.

Beim Spazierengehen mit einem fröhlichen und zutraulichen jungen Schäferhund muß man deshalb frühzeitig darauf achten, daß nicht Passanten oder andere Hundehalter ihm unversehens einen Leckerbissen verabreichen.

Die Pflege des Deutschen Schäferhundes

Wild lebende Hundearten pflegen sich selbst, und das tun unsere Haushunde immer noch weitgehend. Je nach ihrer Fell- und Haarstruktur müssen wir jedoch etwas nachhelfen. Beim stockhaarigen Schäferhund ist dies recht einfach. Er verfügt über ein außerordentlich robustes Fell mit dichter Unterwolle, die ihn gegen Kälte wie gegen Hitze bestens schützt. Bei einem langhaarigen Deutschen Schäferhund ist diese Isolation weniger wirksam. Die Haut jedoch ist wie bei jedem anderen Hund ziemlich empfindlich. Mit einem Metallstriegel oder Metallkamm laufen wir Gefahr, sie oberflächlich zu verletzen, was zu Infektionen oder gar zu Ekzemen führen kann. Doch mit einem Gummistriegel und/oder einer nicht allzu weichborstigen Bürste kommen wir gut aus.

Beim Haarwechsel, der bei unseren Haushunden mehrmals jährlich auftritt, löst sich beim stockhaarigen Schäferhund die Unterwolle. In meist recht großen Ballen bleibt sie im Striegel und in der Bürste hängen. Gesponnen ergibt sie einen Wollfaden, mit dem hier und dort Pullover oder Schals gestrickt werden.

Zum Entfernen von Staub oder eingetrockneten Schmutzteilchen kann der Staubsauger eingesetzt werden.

Jeder Pflegevorgang bringt uns mit dem Hund buchstäblich in hautnahen Kontakt. Gehen wir sorgfältig vor, freut er sich über die Prozedur, und das Bürsten wird zum vergnüglichen Spiel für ihn. Was ihn zu Anfang noch stören oder verunsichern mag, daran gewöhnt er sich bald. Er läßt sich dann auch gelassen den Flirz aus den Augen wischen und den manchmal mit klebendem Schmutz behafteten Nasenschwamm reinwaschen.

Das Baden des Hundes mit entsprechenden Haarwaschmitteln ist nicht unproblematisch. Im Grunde sind alle erhältlichen Shampoos zu aggressiv für die Hundehaut. Sehr bald wird die Talgschicht, welche die Haut bedeckt, abgetragen. Das hat den Nachteil, daß aller Schmutz, der dank der Talgschicht nach dem Trocknen leicht abfällt und gut ausgebürstet werden kann, nun kleben bleibt. Wer also oft im Gelände ist mit seinem Hund, tut gut daran, ihn möglichst nicht zu shampoonieren. Manchmal ist dies freilich nicht zu vermeiden, so etwa wenn sich das Tier in Jauche gewälzt hat. Dann verwende man aber nicht das erste beste für Menschenhaar bestimmte Shampoo, und spüle außerdem nach dem Waschen das Fell gründlich aus. Beim nächsten Spaziergang ist dann Vorsicht am Platz, denn manche Hunde neigen nach dem Bad besonders zum Sichwälzen.

Auch die Lagerstätte und die Transportbox im Auto müssen regelmäßig gereinigt werden. Bildet sich hier Staub, haben Bakterien aller Art, aber auch Flöhe, günstige Vermehrungsmöglichkeiten. Dem Flohbefall kann mit Flohpulver oder einem Flohhalsband begegnet werden.

Wichtig ist, daß der Hund nie länger der Zugluft ausgesetzt bleibt. Der Standort seines Lagers ist in dieser Beziehung zu überprüfen. Der Hund wird uns zu merken geben, wenn er eine bestimmte Stelle nicht liebt, und wir sollten uns nach Möglichkeit danach richten. Auch im Fahrzeug sollte der Hund nicht dem Fahrwind ausgesetzt sein.

Wird der Hund beim Spaziergang naß, sollte er nicht allzulange unbewegt bleiben. Vor einer längeren Heimfahrt im Auto trocknet man ihn am besten mit einem Tuch gut ab.

Zecken entfernt man, indem man sie eine Minute mit dem Finger stark hin und her bewegt. Dann kann man sie greifen und wie einen Flaschendeckel ausdrehen, wobei man sie zugleich hochzieht. Es wird auch empfohlen, zuerst Öl über sie zu gießen, wonach das Entfernen leichter sein soll.

Im Fachhandel sind auch spezielle Zecken-Pinzetten erhältlich, die das direkte Berühren der Zecke beim Entfernen erübrigen.

Zu Hause entfernte Zecken sollte man nicht in den Ausguß oder das Klosett werfen. Die widerstandfähigen Schmarotzer entwickeln sich sonst in der Kanalisation zu einer wahren Zeckenplage.

Im Winter achten wir darauf, daß der Hund nicht zum notorischen Schneefresser wird, was bald geschieht, wenn wir ihm Schneebälle werfen. Kälte erträgt der Deutsche Schäferhund überaus gut, hingegen sind im Winter bei Schnee seine Pfoten exponiert. Sinkt die Temperatur deutlich unter den Nullpunkt, kann es vorkommen, daß der Hund plötzlich stehen bleibt, eine Pfote hebt und uns recht unglücklich anschaut. Wir können ihm helfen, indem wir seine Pfote kurz massieren, um ihn dann gleich wieder zum Weiterrennen zu animieren. Dabei sollten wir ihn nicht bedauern, »du arms Hündli« oder ähnlich nennen, weil er sonst bald einmal heraushat, daß Pfotenheben unsere Teilnahme und unser Karessieren auslöst. Unternehmen wir im Winter Wanderungen, sollten wir die Pfoten des Hundes ab und zu kontrollieren. Liegt Schnee oder Matsch in der Stadt, sollten wir das auch nach kürzeren Ausgängen tun und beim Nachhausekommen die Pfoten gehörig spülen. Das Streusalz kann rasch zur Rissigkeit der Ballen führen, und dann wird das Salz bei der Berührung auch bald schmerzhaft empfunden. Ein altes Mittel, die Pfoten bei großer Beanspruchung zu pflegen, ist Melkfett oder Vaseline. Freilich sollte es nicht übermäßig angewendet werden, weil sonst die Ballenoberfläche zu weich wird, was erhöhte Abnützung bedeutet.

Ist ein Pfotenballen überempfindlich geworden oder gar gerissen, dann bietet ein Hundeschuh Abhilfe und Schonung. Weniger geeignet sind die harten Hundeschuhe aus

Leder, besser ein Pfotenstiefel aus leichtem, flexiblem Material, wie er für Schlittenhunde in Kanada und Alaska verwendet wird. Diese Überzüge sind mit Haftbändern versehen, was bequemes und sattes Befestigen erlaubt. Mit einem Tesa-Klebeband lassen sich diese Hundeschuhe nach oben auch abschließen, damit weder Sand noch Schnee hineingelangen.

Nimmt man den Hund zum Skifahren mit, sollte man darauf achten, daß er nie zu nahe an uns herankommt. Skikanten sind so scharf, daß tiefe Schnittwunden und glatte Sehnen-Durchtrennungen entstehen können. Natürlich darf man mit dem Hund nicht offizielle Skipisten benützen, da dies eine Gefährdung der Pistenfahrer darstellt. Für Langläufer wurden übrigens in den letzten Jahren immer mehr Loipen zur Benützung mit dem Hund freigegeben.

Krankheits-Symptome

Um den Gesundheitszustand unseres Hundes zu überwachen, benötigen wir keine umfassenden Kenntnisse. Es genügt, wenn wir ihn beobachten.

Zeigen sich deutliche Veränderungen in seinem normalen Verhalten, ist es besser, den Tierarzt zu früh als zu spät aufzusuchen. Dies ganz besonders, wenn der Hund hustet, wenn er deutlich mehr trinkt und uriniert, oder wenn er an schwerem Durchfall leidet. Husten ist für den Hund viel folgenschwerer als für den Menschen. Vermehrtes Trinken und Wasserlösen kann auf akute Organinfektionen hindeuten, die bleibende Schäden nach sich ziehen, wenn die Behandlung hinausgezögert

wird. Starker Durchfall führt sehr bald zu einem Erschöpfungszustand, der die Widerstandskraft des Tieres gefährlich herabsetzt, wenn man ihn nicht gezielt behandelt. Unverzüglich jedoch ist bei Durchfall dafür zu sorgen, daß der entstehende Flüssigkeitsverlust durch Zuführen von Tee ergänzt wird. Beginnt der Hund nach dem Fressen oder später plötzlich zu würgen, ohne jedoch erbrechen zu können, und ist seine Bauchregion gespannt, könnte er sich eine Magendrehung zugezogen haben. Es ist dann eine Frage von wenigen Stunden, ob eine Operation noch helfen kann.

Auch bei hohem Fieber gehört der Hund möglichst schnell zum Tierarzt. Es zeigt sich äußerlich durch trockene warme Nase, Hecheln und allgemeine Mattigkeit. Die normale Körpertemperatur des erwachsenen Hundes liegt bei 37,5 Grad C. Mit 39,5 Grad C ist hohes Fieber anzunehmen. Gemessen wird die Temperatur mit einem gewöhnlichen Fieberthermometer im After des Hundes.

Weitere Krankheits-Symptome
Schüttelt der Hund dauernd den Kopf oder hält er ihn schräg, können die Gehörgänge entzündet sein. Kratzt er sich unablässig und beißt sich an bestimmter Stelle ins Fell, kann ihn ein beginnendes Ekzem dazu reizen. Winselt er beim Aufstehen nach längerem Liegen, kann er sich im Wirbelbereich überanstrengt haben. Bessert sich dies nicht bald, muß der Tierarzt feststellen, ob eine Veränderung der Wirbelkörper oder der Hüftgelenke vorliegt. Wird Hüftgelenkdysplasie herausgefunden, sollte man nicht gleich erschrecken. Viele Hunde haben nach vorübergehenden Schwierigkeiten mit mittelschwer deformier-

ten Gelenken fast beschwerdefrei ein hohes Alter erreicht.

Voraussetzung ist, daß man ein solches Tier nicht forciert, aber auch nicht schont. Die Muskulatur darf nicht durch Bewegungsmangel abgebaut werden, weil damit die Gelenke stärker belastet sind. Riecht der Hund penetrant, kann es sich um eine Entzündung der Afterdrüsen handeln, welche der Tierarzt beheben wird. Bei starkem Mundgeruch kann sich das Zahnfleisch durch Wuchern verändert haben, was sehr schmerzhaft sein kann für den Hund. Auch hier bringt der Tierarzt Hilfe.

Wurmbefall

Er ist erkennbar an stark veränderter Konsistenz des Kotes (Schleimbildung, Abgang kleiner weißer Bandwurmglieder). Auch durch After-Rutschen und Afterlecken des Hundes und allenfalls durch Abmagern trotz Zufütterung kann sich Wurmbefall bemerkbar machen. Da die Wurmkuren einen Hund sehr stark belasten, und da nicht immer alle Wurmarten von demselben Mittel erfaßt werden, empfiehlt es sich, eine Kotprobe zum Tierarzt zu bringen. Danach kann dann schonend, gezielt und erfolgreich entwurmt werden.

Euthanasie

Da wir unseren Hund regelmäßig zur Vornahme der üblichen Schutzimpfungen dem Tierarzt zuführen, kennt er dessen Praxisräume und ihn selbst. In diese ihm vertraute Situation sollten wir ihn auch bringen, wenn er alt und hinfällig geworden ist oder an einer unheilbaren Krankheit leidet.

Über den Zeitpunkt des Einschläferns lassen wir uns vom Tierarzt beraten. Wenn andauernde Schmerzen das Tier quälen, sollten wir nicht aus Egoismus und Angst die Euthanasie hinauszögern.

11. Allgemeine Hinweise zur Hundehaltung

Wer sich einen Deutschen Schäferhund hält, ist verantwortlich für dessen artgerechte und sorgfältige Haltung und Behandlung. Er hat gegenüber seiner Familie sowie den Nachbarn, aber auch gegenüber der Bevölkerung ganz allgemein, dafür zu sorgen, daß niemand durch sein Tier belästigt, erschreckt oder gar geschädigt wird. Für Schäferhund-Besitzer ist das in der Regel selbstverständlich.

Unser Verhalten gegenüber dem eigenen Hund

Jeder Hund, auch der Deutsche Schäferhund, fühlt sich bei uns nur dann geborgen und zufrieden, wenn er merkt, was er darf und was nicht. In diesem Sinne ist seine Erziehung vorzunehmen. Wie wir gesehen haben, läßt sich das nicht mit Befehlen erreichen, sondern es geht in erster Linie darum, sich mit seinem Hund zu verständigen.

Wie man zu dieser Verständigung gelangt, ist im vorliegenden Buch beschrieben. Es beginnt schon mit unserer Einstellung gegenüber dem Hund. Wir sollten in ihm nicht ein Wesen sehen, das dümmer ist als wir, sondern einen andersartigen Partner, der uns in mancher Beziehung weit überlegen ist.

Der zweite Schritt zur Verständigung ist die Erkenntnis, daß der Hund nicht in der Lage ist, sich auf unsere hauptsächliche Ausdrucksweise, nämlich die (verbale) Sprache, einzustellen. Daraus folgt, daß wir unser Verhalten der Auffassungsgabe des Hundes an-

zupassen haben. Dies ist nicht einfach, und selbst der erfahrenste Hundekenner wird in diesem Punkt immer wieder rückfällig, indem er sich dem Hund auf eine Weise verständlich zu machen sucht, die ihn überfordert.

Andererseits ist der Hund so erpicht darauf, zur Verständigung mit uns zu gelangen, daß er mit großem Beharrungsvermögen darauf wartet, am Ende doch Signale von uns zu erhalten, die ihm auf seine Art verständlich sind. Dabei ist ihm eine Lernweise behilflich, die man »Versuch und Irrtum« nennt. Das heißt, er versucht etwas zu erreichen, indem er handelt, und erweist sich dies als Irrtum, macht er gleich den nächsten, abgeänderten Versuch. Das geht so weiter, bis er zu jener Handlung gelangt, die wir ihm mit einem Lob als erwünscht bestätigen können.

Je mehr wir aber von der Andersartigkeit des Hundes wissen, und je besser wir uns seinem Auffassungsvermögen anzupassen gelernt haben, desto kürzer wird der Weg zur Verständigung mit ihm. Verfügen wir bei diesem Vorgehen über genügend Erfahrung, lernt der Hund oft überraschend schnell und nachhaltig.

Grundsätzlich kann man sich darauf verlassen, daß der Hund uns dann gern gehorcht, wenn wir ihm eine Chance geben, auf seine Weise zu verstehen, was wir von ihm wünschen.

Erziehung und Ausbildung des Hundes sollten somit nicht mit dem Eindrillen von Befehlen erfolgen, die der Hund sozusagen auswendig lernen soll, wie dies ein menschlicher Schüler tut. Vielmehr sind sie mit der systematischen Gewöhnung an jenes Verhalten vorzunehmen, das wir im Endeffekt von ihm erwarten.

Eine detaillierte Anleitung, wie unser Hund über die Gewöhnung an erwünschtes Verhalten zu erziehen und auszubilden ist, enthalten die Kapitel 4 bis 6. Dazu nun noch einige ergänzende Hinweise.

Geeignete Hilfsmittel
Halsbänder und Leinen gibt es in verschiedener Ausführung. Am zweckmäßigsten ist ein einfaches, nicht zu schmales Lederhalsband ohne Zugring. Man schnallt es so, daß es satt genug sitzt, damit der Hund nicht ausschlüpfen kann. Halsbänder aus dünnem Rundleder mit Zugring sind unpraktisch und würgen zu sehr. Hingegen ist ein Kettenhalsband preiswert und praktisch, sofern seine Glieder groß genug sind, um den Karabiner einzuhaken. Umfaßt der Karabiner den Zugring samt einem Glied, kann die Kette ebenfalls so satt gesetzt werden, daß Ausschlüpfen unmöglich ist. Zudem wird der Deutsche Schäferhund damit auch nicht gewürgt.

Bei der Leine empfiehlt sich auch die Ausführung in Leder. Kunststoffleinen können Schürfungen an den Händen der Besitzer verursachen. Auf jeden Fall sollte die Leine zwei Karabiner und einen oder zwei Metallringe aufweisen. So kann sie bei Bedarf verlängert werden, und das Anbinden des Hundes ist kein Problem.

Der Maulkorb ist in einigen Ländern, so auch in Italien, vorgeschrieben. Die Gewöhnung des Hundes an den Maulkorb hat auch ihre Vorteile. Einmal hat man sich dabei bei ihm durchzusetzen, was natürlich nie schadet. Zum andern bleibt man bei Begegnungen

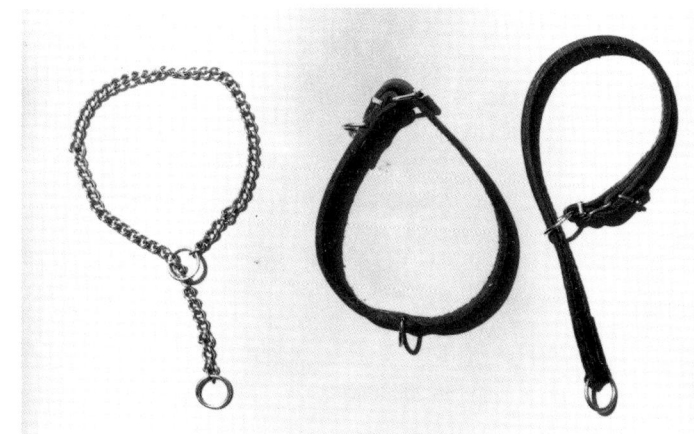

Die Würgebänder links und rechts sind ungeeignet. Am besten verwendet man ein einfaches Lederhalsband.

Auch ein preiswertes Kettenhalsband ist praktisch, nur muß man die Würgewirkung durch Einhaken des Rings in ein Kettenglied ausschalten.

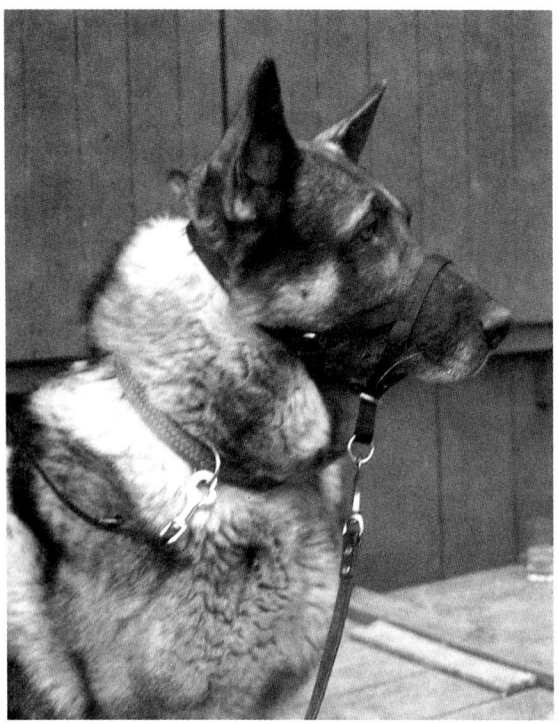

Hat man den Moment verpaßt, den Hund leinenführig zu machen, zerrt er zunehmend an der Leine. Das Hundehalfter »Halti« hilft uns, diese selbstverschuldete Unart zu beheben.

»Halti«. Damit benötigt man bedeutend weniger Kraft, um den Hund zurückzuhalten. Ein Karabiner bleibt wie üblich am Halsband befestigt, der andere wird in den Ring des Halfters eingehakt. So kann der Hund alternierend am Halsband und am »Halti« geführt werden. Der Hund lernt so bald, daß Zerren unerwünscht ist. Und wenn er nicht mehr zerrt, neigt er auch weniger zu aggressivem Verhalten an der Leine.

Wer seinen Deutschen Schäferhund am Fahrrad mitführen will, hat die Möglichkeit, ihn mit der Leine an einer gefederten Haltestange zu befestigen. Er ist dann in der Lage, den Lenker mit beiden Händen zu führen und sich besser auf den Verkehr zu konzentrieren. Alle unsere Versuche mit dieser im Fachhandel erhältlichen Einrichtung namens »Springer« sind positiv verlaufen.

Der Deutsche Schäferhund im Familienbereich

Die erwachsenen Familienmitglieder sollten wenn immer möglich mit der Haltung eines Hundes einverstanden sein und mit ihm auch zurechtkommen. Anders ist es mit den Kindern, besonders wenn sie noch klein sind. Zwar wird der Deutsche Schäferhund allgemein als kinderlieb bezeichnet. Doch die Vertrautheit mit Kindern ist nicht rassebedingt, sondern sie hängt mit der frühen Gewöhnung des Welpen an Kinder zusammen, wie es in Kapitel 3 dargelegt worden ist.

Auch kann ein Tier von der Größe und dem Temperament unseres Schäferhundes aus lauter Freude und Zuneigung ein Kind umwerfen. Man sollte sich also vorsehen.

mit anderen Hunden bedeutend gelassener, wenn man das Pech hat, einen etwas angriffigen Schäferhund zu besitzen. Im übrigen macht das Tragen des Maulkorbs den Hund nicht schärfer, wie ab und zu behauptet wird. Beim Anziehen ist der Maulkorb so gut zu befestigen, daß der Hund ihn nicht abstreifen kann. Gelingt ihm dies nämlich einmal, wird er es immer wieder versuchen.

Das Stachelhalsband wurde früher bei Hunden, die stark zerren, zur Abhilfe eingesetzt. Es gibt aber heute ein ebenso einfaches als auch wirksames Mittel, um solche Hunde unter Kontrolle zu halten: Das Hundehalfter

Als Familienhund wie als Gebrauchshund hat sich der Deutsche Schäferhund dank seiner Anpassungsfähigkeit bewährt. Als Hütehund bedeutet ihm das »Familienrudel« viel, und er fühlt sich für dessen Sicherheit verantwortlich.

Bei Kindern Gefahren vorbeugen

Es ist verständlich, daß manche Eltern ihren Kindern zuliebe einen Hund anschaffen, in der Meinung, daß sie dadurch den Umgang mit einem anderen Lebewesen auf natürliche Weise lernen können. Freilich sollte man den Hund nicht als Spielzeug verstehen, denn das ist er in keinem Fall. Man kann ihn nicht wegstellen, wenn das Spiel vorüber ist, er bleibt lebendig gegenwärtig und hat seine Bedürfnisse, die man nicht ungestraft vernachlässigt. Es ist aber auch falsch, dem Kind die ganze Verantwortung für den Hund aufzu-

bürden. Man muß bereit sein, ihm dabei zu helfen, sonst ist das Kind überfordert. Wenn wir dies tun, lernt das Kind an unserem Beispiel, was Verantwortung heißt.

Ganz allgemein können wir die Kinder vor gefährlichen Reaktionen des eigenen oder anderer Hunde bewahren, indem wir ihnen begreiflich machen, daß man sich dem Tier nie aufdrängen soll, sondern besser wartet, bis es mit uns Kontakt aufnimmt. Erst dann sollte man es berühren, tätscheln und mit ihm spielen. Bei sehr kleinen Kindern ist eine solche Orientierung nicht möglich, hier gilt der

Jeder Hund neigt dazu, sich bewegende Objekte zu verfolgen. Hier geht es dem jungen Schäferhund nur darum, das sich für ihn auf »komische« Art fortbewegende Kind aufzuhalten. Unser aufgeregtes Rufen würde er als Unterstützung seiner Absicht empfinden. Halten wir uns aber still, wird er eher von der Verfolgung ablassen. Und wenn wir es ausreichend geübt haben, können wir ihn in einer solchen Situation mit einem Hörzeichen abrufen.

Grundsatz, daß man sie nie länger mit dem Hund allein läßt. Auch ein scheinbar mit unserem Kleinkind vertrauter Hund erschrickt, wenn das Baby sich erstmals auf dem Bauch krabbelnd fortbewegt. Kann er nicht ausweichen, oder packt ihn das Kind mit seinen in diesem Alter unerhört griffstarken Händchen am Fell, wird es möglicherweise zum Schnappen kommen. Das kann zu erheblichen Verletzungen führen. Man kann sich in dieser Beziehung nicht auf die Hundebücher verlas-

sen, wo fast alle Rassen als »kinderlieb« beschrieben sind. Diese Eigenschaft ist nicht rassebedingt, sondern setzt ein sicheres Wesen des Hundes voraus und eine frühe Gewöhnung an Kinder. Schon der Welpe sollte Kontakte zu Kindern in seinen ersten zehn Lebenswochen erfahren dürfen und überhaupt in einer Umgebung aufwachsen, wo ihm jene Umwelterscheinungen geboten werden, denen er später ausgesetzt sein wird. Tiere, die in einer Scheunenecke oder einem

Kellerwinkel groß werden, sind in ihrem Wesen später stets beeinträchtigt und unsicher.

Es ist auch bei älteren Kindern gut, wenn man sie auf gewisse Gefahren beim Umgang mit Hunden aufmerksam macht. Das gilt vor allem für das Spielen mit Hunden, die ja das Kind für einen Rudelgenossen halten. Tut man ihnen ungewollt weh, verhalten sie sich entsprechend, das heißt, sie reagieren rasch und hart. Menschenhaut ist aber bedeutend empfindlicher als ein Hundefell, und so kann es leicht eine Schramme absetzen. Allzu schnell spricht man dann von Beißen und bösartigem Verhalten.

Besonders gefährlich ist in diesem Sinne auch das Spiel mit Stöcken. Schenkt das Kind der Schnelligkeit im Zupacken des Hundes keine Beachtung, so kann dessen Fang den Stock hart fassen, bevor er noch aus der Hand gelangt ist und dann eben diese Hand erheblich verletzen.

Es gehört als Orientierung weiter dazu, dem Kind klar zu machen, daß auch ein Hund ab und zu seine Ruhe braucht, und daß man dieses Bedürfnis besonders bei weniger mit Kindern vertrauten Hunden zu respektieren hat.

Mit dem Deutschen Schäferhund zu Besuch
Wer sich erstmals einen Hund anschafft, ist oft erstaunt, daß er bei gewissen Bekannten nicht so willkommen ist wie früher, als er sie noch ohne Hund besuchte. Dabei ist das leicht zu verstehen. Man muß nicht Hundefeind sein, man kann auch aus anderen Gründen keine Vorliebe für Vierbeiner haben. Es genügt, wenn keine Beziehung zu diesem speziellen Tier vorhanden ist. Das sollten Hundebesitzer stets vorbehaltlos akzeptieren und berücksichtigen. Es gehört im Grunde schon zu den Überlegungen, die man sich vor dem Kauf eines Hundes machen sollte, daß man abklärt, wer von unseren Bekannten nicht unbedingt Hundefreund ist. Allerdings ist man auch bei Hundehaltern nicht ohne weiteres ein gern gesehener Gast, wenn man selbst mit einem Vierbeiner anrückt. So manche Leute haben da schlechte Erfahrungen gemacht. Allzuschnell kann es zur Rempelei oder gar Rauferei kommen. Es gibt jedoch einige Regeln, wie man solche Aggressionen vermeiden könnte. Sie seien hier angeführt.

Ausgangspunkt ist das Revierverhalten des Hundes, seine Gewohnheit nämlich, Wohnung und Garten als Territorium zu betrachten, das nur von ihm selbst und »seiner« Familie zu beanspruchen ist. Wer sich nähert, wird abgewiesen. Kommt es jedoch zu einer völlig überraschenden ersten Begegnung im Revier mit einem andern Hund, ist die Rauferei fast unvermeidlich. Dies ganz besonders bei gleichgeschlechtlichen Tieren. Geht man dagegen sorgfältig vor, läßt sich fast immer ein Weg finden, um die Toleranz des hauseigenen Hundes zu fördern.

Erstens: Die erste Begegnung beider Vierbeiner sollte außerhalb des Reviers stattfinden, wenn möglich auf einem Gelände, das beiden unbekannt ist. Hier können sie sich beim Spazieren ihrer Besitzer kennenlernen. Diese sollten nicht stehen bleiben, sondern immer weitergehen. Erst wenn sich die Hunde aneinander gewöhnt haben, begibt man sich »in die Höhle des Löwen«.

Zweitens: Am Wohnort angekommen, läßt man die beiden Hunde erneut außerhalb des Gartens oder des Hauses sich begegnen und betritt dann erst das Gebiet, das der eine der

Hunde als sein Territorium betrachtet. Mit diesem Vorgehen ist zwischen einem Rüden und einer Hündin meist eine Beziehung geschaffen, die den Hausfrieden garantiert. Es kommt höchstens noch zu Anschnauzereien, wenn der »Eindringling« einem Lieblingsplatz oder einem Lieblingsgegenstand des Haushundes zu nahe tritt.

Bei gleichgeschlechtlichen Hunden bringt die Gewöhnung aneinander außerhalb des Territoriums nicht immer den Erfolg. Besonders dann nicht, wenn die Tiere etwa gleich groß und zudem wesensstark sind. Noch schlimmer, wenn der eine infolge falscher Haltung überaus eifersüchtig erscheint. Experimente sind da nicht zu empfehlen. Schon manche langjährige menschliche Beziehung hat im Krach zweier Hunde ihr abruptes Ende gefunden. Ganz schlecht wirkt es sich aus, wenn man den eigenen Hund irgendwo im Hause einsperrt, während der vierbeinige Gast im Wohnzimmer herumstolziert. Bei der nächsten Begegnung wird sich das rächen. Warum eigentlich nicht den Hund im Wagen lassen? Und weshalb nicht einmal den Hund zu Hause lassen? Auch daran sollte ein richtig gehaltener Hund gewöhnt sein, und zwar früh genug. Hunde, die das Weggehen ihrer Besitzer aus dem Haus nicht ertragen, ohne Schaden anzurichten, stellen ihren Meistern kein gutes Zeugnis aus. Hier wurde Wesentliches einer vernünftigen Erziehung versäumt.

Heim- und Haustiere und unser Schäferhund
Wie viele Beispiele bestätigen, ist der Deutsche Schäferhund als Hütehund gut an Heim- und Haustiere zu gewöhnen.
Das reicht von der Katze bis zum Meerschweinchen, von Schafen und Ziegen bis zum Großvieh und den Pferden. Grundsätzlich sollten sich die Besitzer bei Begegnungen mit solchen Tieren möglichst ruhig und still verhalten. Unsere Aufregung steigert nämlich die beim Hund entstandene Unsicherheit und erschwert ihm das Akzeptieren des »Fremdlings«.

Wald, Wild und Hund
Als Schäferhundfreund ist man normalerweise auch ein Freund der Natur. Somit achtet man darauf, daß der Hund nicht wildert. Das setzt voraus, daß wir unseren Schäferhund auch nicht streunen lassen. Denn aus diesem unbeaufsichtigten Herumlungern ergibt sich früher oder später das Wildern.

Streicht unser Schäferhund auf einem Spaziergang unvermutet ab, weil er ein Reh in die Nase bekommt oder erblickt, sollte man nicht aufgeregt und wiederholt nach ihm rufen. Das fördert höchstens die Intensität seiner Jagdlust. Wir sollten ihn auch nicht suchen gehen, sondern dort verbleiben, wo er uns verlassen hat. Hierher kommt er nämlich in den meisten Fällen zurück.

Sind wir aber genügend aufmerksam beim Spazieren, wird uns der Hund kaum je wegrennen. Es wäre denn, wir hätten es versäumt, mit ihm das Herbeirufen auf jedem Spaziergang kurz, aber exakt zu üben, wie es in Kapitel 7 und Kapitel 9 beschrieben worden ist. Unsicher abzurufende Hunde gehören schon in Waldnähe an die Leine.

Hund und Landwirtschaft
Auch beim Passieren von landwirtschaftlichen Nutzflächen achten wir darauf, daß der Deutsche Schäferhund nicht in Fruchtfeldern herumjagt. Auch darf er nicht seinen Kot im

Futtergras absetzen, denn damit kann echter Schaden entstehen. Sei es, daß das Gras weggeworfen werden muß, sei es, daß sich ein bestimmter kleiner Bandwurm auf ein Tier überträgt, von dem der Hund Zwischenträger ist.

Die Verantwortung des Hundehalters gegenüber der Umwelt

Wer einen Schäferhund besitzt, prüft mit Vorteil, ob dieser *haftpflichtversichert* ist. Selbst der besterzogene Hund kann erheblichen Schaden anrichten, so etwa, wenn er auf die Straße rennt und eine Kollision von Fahrzeugen verursacht.

Hundekot ist der häufigste Grund, warum sich Leute über Hunde ärgern. Man sollte ihn weder auf Gehwegen noch auf Trottoirs liegen lassen. Damit schadet man dem Ansehen der Hundehaltung ganz allgemein. Dabei ist das Aufnehmen des Kotes mit einem Plastiksäckchen leicht zu bewerkstelligen. Rücksichtnahme ist hier im eigenen Interesse geboten.

Jogger findet man beim Spazieren in den Erholungsräumen jeder Stadt fast immer. Falls unser Schäferhund hier einmal unerwünscht reagiert, sollten wir möglichst ruhig bleiben. Das wird uns eher gelingen, wenn wir bedenken, daß der Hund zwar dazu neigt, allen Objekten nachzurennen, die sich fortbewegen. Aber nicht um sie anzugreifen und zu beißen, sondern um sie aufzuhalten.

Merkpunkte zum Verhalten bei Begegnungen mit Joggern

1. Den Hund beim Spaziergang im Auge behalten, ebenso das Gelände.

Wir tragen die Verantwortung dafür, daß unser Hund keinen Schaden anrichtet. Wurde er beim Züchter fachgerecht gefördert, und haben wir ihn ebenso erzogen, wird er sich gegenüber Personen wie Briefboten, aber auch beim Tierarzt, verträglich zeigen.

2. Nähert sich ein Jogger, den Hund nicht aufgeregt mehrmals hintereinander rufen, sondern nur einmal, aber deutlich das ihm bekannte Rufzeichen geben. Danach sollte man sich abwenden und entfernen, wenn möglich auch verstecken. Dadurch wird dem Hund jede Unterstützung seines Vorhabens entzogen, welche er dann zu erhalten vermeint, wenn man sich aufgeregt rufend gebärdet und nähert.

3. Geht der Hund überraschend einen Jogger an, nachdem er dies zuvor nie getan hat, sollte man sich genau gleich verhalten, wie es

unter Punkt 2 beschrieben ist. Das ist etwas schwieriger, weil damit im Jogger der Eindruck entsteht, man kümmere sich überhaupt nicht um den eigenen Hund. Aber es lohnt sich dennoch, weil der Hund schon dadurch gebremst beziehungsweise in seinem Fehlverhalten nicht unterstützt wird, daß er nichts vom Besitzer hört. Diese Bremswirkung hängt allerdings vom Verhältnis ab, das der Besitzer mit seinem Hund aufgebaut hat. Beschäftigt sich dieser weder innerlich noch äußerlich mit ihm, ist die Bremswirkung gleich null. In einem solchen Fall sollte man sich aber keinen Hund halten.

4. Was immer geschieht, der Hundehalter sollte versuchen, dem betroffenen Jogger das Problem zu erklären, das er mit seinem Hund hat. Auf Vorwürfe des Betroffenen, der sich ja begreiflicherweise erregt, sollte er korrekt und verständnisvoll reagieren. Und er sollte ihn spüren lassen, daß er sich ernsthaft bemüht, den Hund unter Kontrolle zu halten.

5. Falls man das Pech hat, daß ein Kleiderschaden oder gar eine Verletzung entstanden ist, sollte man nicht mit dem Geschädigten verhandeln, sondern ihm die Haftpflichtversicherung angeben und den Schaden dann auch der betreffenden Gesellschaft melden.

12. Der Deutsche Schäferhund als Gebrauchshund

Der Deutsche Schäferhund gehört zu den sogenannten Gebrauchshunden, also zu jenen Rassetypen, die sich für gewisse, dem Menschen nützliche Aufgaben eignen. Sie können zu Wachhunden, Schutzhunden, Suchhunden, Fährtenhunden oder zu Rettungshunden (Lawinenhund und Katastrophenhund) ausgebildet werden.

Im Gegensatz zu früher ist es heute eher die Ausnahme, wenn ein Hund zur Arbeit verwendet wird. Was heute mit den Gebrauchshunden unternommen wird, spielt sich vorwiegend im Sportbereich ab. Gleichzeitig ist jedoch das Sporthundewesen immer noch die Grundlage für das Heranbilden von Führern und Hunden, welche später im Einsatzbereich tätig sein werden. Was unser Deutscher Schäferhund als Polizei- und Rettungshund leistet, wird im nächsten Abschnitt gezeigt.

Hundesport mit dem Deutschen Schäferhund

In der gemeinsamen sportlichen Betätigung lernen sich Besitzer und Hund erst so richtig kennen und verstehen.

Offiziell haben die Dachorganisationen der Sportwelt den Hundesport nicht als Sportart anerkannt. Ist es nun so, daß der Reiter auf seinem Pferd Sport treibt, der Hundeführer neben seinem Vierbeiner aber nicht?

Wir meinen, daß die sportliche Arbeit mit dem Hund sehr wohl als Sport zu bezeichnen ist – und zwar als eine der sinnvollsten, vielseitigsten und schwierigsten Sportarten überhaupt, geht es doch darum, sich mit einem Lebewesen auseinanderzusetzen, das – anders als das Pferd – meist nur indirekt zu beeinflussen ist, mit dem man sich also auch auf Distanz verständigen können muß.

Was den Hundesport am Ende so reizvoll macht, ist das Zusammenspiel mit dem Hund. Wem es einmal gelungen ist, sich mit seinem Schäferhund zu verständigen, hat eine unerhört schöne und entspannende Freizeitbeschäftigung gefunden. Bis in die höchste Stufe einer Prüfungssparte ist freilich noch ein weiter Weg. Neben der Schutzhundearbeit, mit der eine Karriere meistens aufgebaut wird, locken noch weitere Sparten: etwa die Sanitätshundearbeit, die Suchhundeprüfung und Fährtenprüfung. Wer einen besonders talentierten Deutschen Schäferhund besitzt, wird sich irgendwann zur Siegertitelprüfung melden, die alle Jahre stattfindet. Dort messen sich die besten Führer(innen) mit ihren Sporthunden.

Einen Prüfungstag mit seinem Schäferhund muß man erlebt haben, um ermessen zu können, welche Befriedigung wir durch unsere Beschäftigung gewonnen haben. Hier werden wir nun entschädigt für den Zeitaufwand, den die Ausbildung unseres Hundes erfordert.

Vorurteile

Ist Hundesport eine sinnvolle Freizeitbeschäftigung? Es gibt manche Leute, die diese Frage verneinen. Das beruht meist auf dem Umstand, daß man unter Hundesport vielfach ausschließlich den Aufbau von Schutzhunden versteht. Die dabei geübte Arbeit am geschützten Mann, der sogenannte Schutz-

Die Ausbildung zum Schutzhund – vernünftig ausgeführt – macht den Hund nicht schärfer, sondern sicherer und in hohem Maße vertraut mit dem Partner Mensch. Was früh im Spiel beginnt, wird auch später Spiel und Sport bleiben.

Der Deutsche Schäferhund als Schutzhund

Man hat also die Wahl, was man mit seinem Deutschen Schäferhund hundesportlich unternehmen möchte. Am besten erkundigt man sich bei seinem Verein, welche Ausbildungsmöglichkeiten er anzubieten hat. Wo nur Schutzhunde ausgebildet werden, sollte man zuerst abklären, in welcher Weise dies geschieht. Wenn Grobheiten und das Drangsalieren der Hunde im Programm stehen, sollte man mit einem Deutschen Schäferhund nicht mitmachen. Wird jedoch sorgfältig aufgebaut, sind die Übungsleiter auch in der Lage, auf die Eigenheiten der einzelnen Hunde einzugehen. Hier sind wir dann mit unserem Schäferhund gut aufgehoben und beraten. Denn die fachlich einwandfreie Ausbildung im Schutzdienst macht den Hund nicht schärfer, sondern sicherer. Unser Schäferhund ist begeistert, wenn er den Mann im Schutzanzug packen und festhalten darf. Es ist für ihn ein Kampfspiel, das er liebt. Es fördert nicht seine Aggression im Umgang mit Menschen und mindert somit in keiner Weise seine Verträglichkeit. Im Gegenteil: Der Mensch, mit dem er dieses Spiel so intensiv betreibt, also der Mann im Schutzanzug, wird für ihn zum vertrauten Kumpel, den er fast so gern wie seinen Besitzer und dessen Familie hat.

Es kommt hinzu, daß bei der Erregbarkeit eines Hundes vom Format des Deutschen Schäfers, die Schutzarbeit allein es erlaubt, das Tier auch dann noch unter Kontrolle zu halten, wenn es einmal außer Rand und Band geraten sollte. Denn der Schutzdienst diszipliniert den Hund unter jenen Bedingungen, die es ihm am schwersten machen, folgsam zu bleiben.

Im übrigen gibt es bei Hunden, die durch

dienst, wird abgelehnt. Daß Schutzhunde-Ausbildung aber auch einen anspruchsvollen Gehorsamstest und eine exakt auszuführende Fährte verlangt, ist oft gar nicht bekannt. Noch weniger weiß man von den weiteren Sparten des Hundesports, die den Schutzdienst nicht enthalten. So die Ausbildung von Begleithunden, Fährtenhunden und Suchhunden.

nicht fachgerechte Ausbildung (Drangsalieren, mißtrauisch machen gegenüber Fremdpersonen) unsicher und unberechenbar gemacht wurden, keine andere Möglichkeit, um sie wieder sicher und vertraut werden zu lassen, als der saubere Aufbau im Schutzdienst.

Der Deutsche Schäferhund als Fährten- und Suchhund

Eine der schönsten Übungen im Schutzhundesport ist die Fährtenarbeit. Sie entspricht dem ehemaligen Laufraubtier Hund in jeder Beziehung. Schließlich hängt das Überleben eines hundeartigen Wildtieres in erster Linie von seiner Riechfähigkeit ab. Diese ist bei unserem Schäferhund mit seiner wunderschön natürlichen langen Nase meist ausgeprägt. Auf die Nase allein kommt es freilich nicht an. Die Reize, welche die im Nasenapparat auftreffenden Geruchspartikel ausgelöst haben, müssen nämlich über die Nervenbahnen weitergeleitet werden zum Riechhirn. Hier findet dann die eigentliche bewunderswerte Arbeit statt. Sie erlaubt es dem Hund, Fährten unter schwierigen Bedingungen zu verfolgen, oder – bei der Sucharbeit – Objekte wie versteckte oder verschüttete Menschen aufzuspüren. Die Intensität der Leistung des Riechhirns ist folglich entscheidend für den Sucherfolg. Das Gehirn ist nun bei jedem Hund – ob groß oder klein – gleich ausgelegt und leistungsfähig. Weil der Riechsinn für das Überleben der Vorfahren unseres Haushundes entscheidend war, nimmt das Riechhirn der Hundeartigen den siebten Teil des ganzen Hirns ein. Beim Menschen dagegen besteht es nur aus zwei Läppchen von der Größe eines Fingernagels. Riechhirn und Nasenapparat des Hundes bilden zusammen einen

Schutzdienst setzt gegenseitiges Vertrauen voraus.

Geruchsdetektor, der bis heute nicht durch technische und elektronische Geräte zu ersetzen ist. Man benötigt immer noch den Hund zur Lösung von Suchproblemen. Ein gut ausgebildeter Deutscher Schäferhund ist imstande, bei der Vermisstensuche in Feld und Wald sowie bei der Ortung von Verschütteten im Schnee oder in Trümmern erfolgreich zu sein. Seine Ausdauer und seine Beweglichkeit kommen ihm dabei zustatten.

Vom Grundkurs zum Hundesport

Die meisten Vereine bieten heute Anfängerkurse an, wo man lernen kann, mit seinem Hund besser umzugehen. Und aus diesen sogenannten Erziehungskursen der Rasseklubs und der kynologischen Vereine rekrutieren sich denn auch die meisten Nachwuchs-Hundesportler. Nur selten kauft sich jemand einen Hund in der Absicht, später mit ihm zu arbeiten, worunter das Üben im Verein und das Ablegen von Prüfungen zu verstehen ist.

Doch manche Besitzer kriegen Freude an der Zusammenarbeit mit ihrem vierbeinigen Partner, und wo könnte dies besser getan werden als eben im Hundesport. Zu Beginn muß sich niemand entschließen, in welcher Klasse er einst debütieren möchte. Man wird ihn im Laufe der Übungen aufgrund der Veranlagung seines Hundes beraten, in welcher Sparte ihm am ehesten eine erfolgreiche Betätigung beschieden sein könnte. Die Vorbereitungen zur ersten Begleithundeprüfung dauern einige Zeit, und sie lassen eine spätere Wahl völlig offen. Hier wird man mit jenen Vorgängen vertraut gemacht, die Grundlage für jede Weiterbildung sind. Das geht vom Setzen und Hinlegen über das Gehen bei Fuß mit und ohne Leine bis zur Arbeit mit der Nase auf der Fährte und im Revier, wo nach Gegenständen und Personen gesucht wird.

Eine besondere und fürs Weitermachen oft auch entscheidende Übung ist das Apportieren eines ausgeworfenen Gegenstandes. Hier wird vom Hund wie vom Führer einiges gefordert, und nicht jeder Besitzer erweist sich dabei geduldig und konsequent genug. Mit genügend Selbstbeherrschung und Durchhaltevermögen wird aber jeder Hund am Ende zum Apportieren gebracht. Ist dies gelungen, wurde nicht nur eine wichtige Stufe der Ausbildung erreicht, sondern das Verhältnis zwischen Führer und Hund hat sich vertieft und ist belastbarer geworden.

Anfangsschwierigkeiten

Jeder Anfänger wird die Erfahrung machen, daß sein Hund einzelne Übungen bald in erwünschter Weise ausführt, während er mit anderen Übungen längere Zeit nicht zurechtkommt. Doch gerade dort, wo es schwieriger wird, beginnt der Hundesport interessant zu werden. Der Hundeführer muß nun Wege suchen und finden, die seinem Hund besonders gut entsprechen, um zum Erfolg zu gelangen. Dabei ist er in der Regel auf die kompetente Anleitung und moralische Unterstützung des Übungsleiters angewiesen. Es gibt aber auch einige Hundebücher, die uns anregen können. So wird im Buch »Der neue Weg der Hundeausbildung« das Apportieren detailliert und nachvollziehbar dargestellt (Bezugsquellen siehe Anhang).

Da man als Anfänger im Verein neben anderen Anfängern steht, die ebenfalls Probleme mit der Ausbildung ihres Hundes haben (wenn auch oft nicht dieselben wie wir selbst), ist man nicht alleingelassen und vermag im Notfall die Mißerfolge so zu verkraften, daß man trotz allem motiviert bleibt. Einfacher gesagt, man verliert nicht die Freude an der sportlichen Zusammenarbeit mit seinem Hund.

Es ist für den Anfänger gut zu wissen, daß

selbst erfahrene Hundeführer und Ausbilder mit dem eigenen jungen Hund diese Anfangsschwierigkeiten zu überwinden haben. Der Aufbau eines Sporthundes geht nie so reibungslos vor sich, wie man sich das zu Beginn vorstellen mag. Ausdauer und Durchhaltevermögen sind dabei stets unerläßlich. Selten ist es der Hund, der versagt, öfters der Besitzer. Hauptursachen sind Mangel an Geduld mit sich selbst und dem Hund sowie falsche Vorstellungen vom Aufwand, der nötig ist, um das gesteckte Ziel zu erreichen. Ist aber der Anfang gemacht und hat man eine gewisse Sicherheit im Umgang mit dem Hund erreicht, erwächst uns aus der hundesportlichen Tätigkeit viel Genugtuung und Freude. Jetzt ist man auch innerlich vorbereitet für die erste Prüfung. Außerdem hat man nicht nur einiges gelernt und sich fast nebenbei einen folgsamen Hund zugelegt, sondern man hat auch viel für die eigene Gesundheit getan durch die Bewegung in freier Natur.

Der Deutsche Schäferhund als Dienst- und Rettungshund

Der Deutsche Schäferhund ist heute weltweit der am meisten verwendete Helfer des Menschen bei praktischen Aufgaben des Dienst- und Rettungshundewesens. Vom Polizeihund bis zum Blindenführhund reicht seine Verwendbarkeit.

Wenn es darum geht, mit dem Hund eine Arbeit zu verrichten, muß man sich auf ihn verlassen können. Das setzt allerdings voraus, daß sich der Hund auch auf uns verlassen kann.

Das heißt, daß er einen verständigen und erfahrenen Führer hat. Eine weitere Voraussetzung ist, daß bei der Aufzucht für ein belebtes und den Welpen in jeder Beziehung förderndes Umfeld gesorgt worden ist. Ist dies der Fall, dann ist unser Hund wesensfest, kontaktfreudig und belastbar. Hinzu kommt die große Anpassungsfähigkeit und Arbeitsfreude unserer Rasse. Deshalb ist der Deutsche Schäferhund an der Hand eines vernünftigen und gut ausgebildeten Führers oder einer ebensolchen Führerin in der Regel ein leistungsfähiger und verläßlicher Begleiter und Helfer. Daraus erklärt sich auch der Umstand, daß er bis heute der meistverwendete Gebrauchshund im Einsatzbereich geblieben ist.

Der Deutsche Schäferhund als Polizeihund

Manche Leute meinen, der Polizeihund müsse eine Art reißende Bestie sein, die vor allem dazu diene, wie eine Waffe auf irgendwelche Delinquenten gehetzt zu werden, um diese bis zur Kampfunfähigkeit zu verletzen. Dem ist keineswegs so. Es sind nicht seine Zähne, die den Deutschen Schäferhund weltweit zum Polizeihund Nummer eins gemacht haben, sondern sein Riechsinn und seine Hörfähigkeit. Dasselbe gilt für alle weiteren Gebrauchshunderassen, die bei der Polizei, bei der Zollverwaltung oder beim Militär zum Einsatz gelangen. (Boxer, Dobermann, Rottweiler, Riesenschnauzer und der Belgische Schäferhund, um nur die bei uns gebräuchlichsten zu nennen). Was jedoch den Deutschen Schäferhund besonders geeignet macht, ist seine Anpassungsfähigkeit und Führigkeit. Diese Begabung kommt nicht von ungefähr, ist der Deutsche Schäferhund doch – wie wir noch sehen werden – aus den am

Polizeihund auf der Fährte.

Ende des 19. Jahrhunderts vorhandenen Schlägen arbeitender Hütehunde herausgezüchtet worden. Über Jahrhunderte des Zusammenwirkens mit dem Menschen beim Hüten und Treiben von Herden waren vorausgegangen, und während dieser ganzen Zeit wurden stets nur die fähigsten Tiere zur Zucht verwendet. Das dadurch erreichte Potential an Eignung hat sich bei unserer Rasse bis heute in erfreulicher Weise erhalten. Hinzu kommt die durch die Fellstruktur gegebene Robustheit des Deutschen Schäferhundes. Sein Stockhaar mit der dichten Unterwolle schützt ihn bei Hitze wie bei Kälte und Nässe auf das beste. Auch das ist natürlich das Erbe

eines über lange Zeiträume dauernden Daseins als Hütehund.

Nicht zuletzt trägt die imposante äußere Erscheinung dieser Rasse dazu bei, daß der Deutsche Schäferhund Respekt einflößt und schon dadurch präventiv schützend wirkt in bezug auf seinen Führer.

Steht der Deutsche Schäferhund als Diensthund im Widerspruch zum Deutschen Schäferhund als Familienhund?

Noch immer findet sich bei Laien und Fachleuten hier und dort die Auffassung, daß ein ausgebildeter Diensthund nicht mehr ein verläßlicher Familienhund sein könne. Das ist eine grundsätzlich falsche Ansicht. Leider hat sie aber immer noch dort ihre Berechtigung, wo die Ausbildung der Hunde darauf abzielt, das Tier mit drangsalierenden Methoden gegenüber dem Menschen mißtrauisch zu machen. So wird er zum Beißen trainiert, statt zum Schützen angeregt.

Diese Art der Ausbildung muß als primitiv bezeichnet werden, denn der Hund ist eben keine Waffe, die man schärfen muß, um sie wirksam zu machen. Er ist viel mehr als das: Sein Gespür für die Unsicherheit und/oder Aggressivität einer Fremdperson ist ihm von der Natur gegeben. Hierbei läßt er sich nicht täuschen. Und sein Angriff ist dann entschlossen und gefährlich, wenn er spontan erfolgt, weil das Schutzverhalten in bezug auf seinen Führer in ihm schlagartig erwacht. Die Erfahrung hat nun aber gezeigt, daß in dieser Beziehung jene Hunde am natürlichsten und sichersten reagieren, die als Familienhunde aufgezogen worden sind. Aufgeschlossene Polizeikorps arbeiten deshalb mit Hunden, die in den Familien ihrer Führer gehalten werden.

Der Deutsche Schäferhund ist der meistverwendete Lawinenhund.

Einsatz schweizerischer Katastrophenhunde 1980 in Bukarest. Deutscher Schäferhund findet eine beim Erdbeben verschüttete Person. Zehn Menschenleben konnten dank der Hunde gerettet werden.

Als Blindenhund wie als Rollstuhl-Begleithund ist der Deutsche Schäferhund ein bewährter Helfer des Menschen.

Die Schutzhundeausbildung beeinträchtigt ihre Gutartigkeit und Anhänglichkeit gegenüber den Familienmitgliedern in keiner Weise.

Im übrigen besteht die Arbeit des Diensthundes nur zum geringsten Teil in direkter Konfrontation mit Delinquenten. Eine Hauptaufgabe ist heute das Absuchen von Grundstücken oder Innenräumen (Areale, Lagerplätze, Lagerhallen, Gebäulichkeiten) nach eingedrungenen Personen. Das erledigt der Hund energisch und mit Ausdauer. Wen er aufspürt, den zeigt er durch Verbellen an. Er wirkt dabei zuverlässig als ein sich selbst transportierender Geruchsdetektor. Und damit ist seine Aufgabe erfüllt. Die Mannschaft, ausgerüstet mit Kugelweste und Schußwaffe, erledigt den Rest und macht den Delinquenten dingfest. Der Hund wird nur noch dann eingesetzt, wenn es darum geht, eine Person an der Flucht zu hindern. Auch dabei hat er nicht blindwütig zuzubeißen, sondern die Person aufzuhalten und, sobald sie sich ruhig verhält, von ihr abzulassen.

Eine weitere Aufgabe des Polizeihundes ist die Suche nach vermißten Personen. Mit fachgerecht ausgebildeten Hunden läuft man dabei nicht Gefahr, daß eine gefundene Person – es kann sich auch um ein Kind handeln – angefallen wird. Die Anzeige erfolgt durch Verbellen oder im Bringsel-Verfahren. Dabei trägt der Hund ein am Halsband befestigtes Stück Leder im Fang zum Führer, um ihm den Fund anzuzeigen. Danach geleitet er ihn zur Fundstelle.

Der Deutsche Schäferhund als Lawinenhund

Im Jahre 1940 wurden in der Schweiz im Rahmen des Armeehundewesens erstmals Lawinenhunde systematisch ausgebildet und eingesetzt. Die Armee verfügte damals ausschließlich über Deutsche Schäferhunde, deren Robustheit und Widerstandsfähigkeit sich im Schnee erneut bewährten. Nachdem General Guisan, der Oberbefehlshaber der Schweizerarmee im Zweiten Weltkrieg, die Abschlußprüfung des ersten Kurses besichtigt hatte, wurden die Lawinenhunde und ihre Führer in der Gebirgstruppe integriert. Die bei Schneerutschen und Lawinenniedergängen sich ergebenden Rettungserfolge bewirkten, daß sich das Lawinenhundewesen im Zivilbereich ebenfalls etablierte. Der Schweizerische Alpenclub, zuständig für die Bergrettung, verfügt heute über 400 in der Gebirgsregion stationierte Lawinenhunde. Jedes Jahr haben einige verunglückte Skifahrer oder Berggänger einem solchen Führer-Hund-Team ihr Leben zu verdanken.

In allen europäischen Gebirgsregionen werden heute Lawinenhunde ausgebildet und eingesetzt. Trotz der Entwicklung elektronischer Suchgeräte ist immer noch der Hund das am schnellsten arbeitende Rettungsmittel. Dies ist besonders wichtig, weil es bei der Bergung von im Schnee verschütteten Menschen um Minuten geht. Schockwirkung und Unterkühlung lassen die Überlebenschancen in zwei Stunden auf den Nullpunkt sinken. Ein Arzt und das Führer-Hund-Team werden deshalb wenn möglich mit dem Helikopter eingesetzt.

Der Deutsche Schäferhund als Katastrophenhund

Es waren Experten aus dem Lawinenhundewesen, die in der Schweiz 1968 damit begannen, Hunde und ihre Führer(innen) systematisch zur Trümmersuche auszubilden. Dabei wurde eine den Anforderungen der Praxis entsprechende Methodik entwickelt, die später weltweit Verbreitung fand. Die Hunde mußten für die Fortbewegung im zerrissenen Trümmergelände speziell trainiert werden. Sie hatten – mehr als der Lawinenhund – beim Aufspüren verschütteter Personen deren Witterung aus vielen anderen, ebenfalls mit menschlicher Witterung behafteten Gerüchen von Objekten herauszufinden. Denn der Geruch eines Menschen hebt sich zwar vom Geruchsbild einer gleichförmig strukturierten Schneemasse deutlich ab. In den Trümmern eingestürzter Gebäude dagegen befindet sich einfach alles, was zum menschlichen Bedarf gehört, von der gebrochenen Kanalisation über Bettwäsche und getragene Kleider bis zu aus ihren Behältern gefallene Eßvorräten. Es wird somit bedeutend exakteres Differenzieren der anfallenden Gerüche gefordert. Da jedoch die Unterkühlung in der Regel hier nicht eine so entscheidende Rolle für das Überleben eines Verschütteten spielt, ist der Zeitfaktor nicht im selben Maße ausschlaggebend wie beim Lawinenhund. Lebendbergungen aus Trümmern sind denn auch schon nach mehreren Tagen erfolgt. Als beim Erdbeben von Friaul in Norditalien 1976 in drei Tagen etwa 180 Menschen von den Hunden geortet und 16 davon lebend geborgen werden konnten, fand der eigentliche Durchbruch dieser damals neuen Sparte des Rettungshundewesens statt. Die Berichte darüber gingen durch die Weltpresse, und entsprechend war danach die Anerkennung der Leistung von Trümmersuchhunden. In der Folge bildeten sich in ganz Europa Rettungshunde-Staffeln, ebenso in den USA.

Die vom Schweizerischen Verein für Katastrophenhunde entwickelte Methode zur Ausbildung von Führern und Hunden für die Ortung von in Trümmern verschütteten Personen wurde 1984 im ersten Symposium des Rettungshundewesens in Theorie und Praxis vorgeführt. Diese Veranstaltung war von 157 Fachkräften aus allen fünf Kontinenten besucht. Und auch hier zeigte es sich, daß unser Deutscher Schäferhund der meistvertretene Helfer war. Das ist auch in den weiteren inzwischen durchgeführten internationalen Symposien (USA, Norwegen, Italien, Deutschland) so geblieben.

Der Deutsche Schäferhund als Blindenführhund

Schon 1893, also 6 Jahre vor der Gründung des Vereins für Deutsche Schäferhunde, hatte der Tiermaler und Kynologe Jean Bungartz den Deutschen Verein für Sanitätshunde ins Leben gerufen. Dessen Mitglieder bildeten Hunde zur Suche nach Vermißten aus, wobei an den militärischen Einsatz zum Auffinden von verwundeten Soldaten im damals vorherrschenden Stellungskrieg gedacht wurde. Zu Anfang waren dazu die aus England stammenden Airedale Terrier als sogenannte Kriegshunde bevorzugt verwendet worden. Doch der in jenen Jahren aufkommende Deutsche Schäferhund trat sehr bald an seine Stelle.

Im Ersten Weltkrieg sind dann bis Mitte 1915 bereits gegen 2000 dieser Tiere mit ihren Führern an allen Fronten zum Einsatz gelangt, und viele folgten ihnen in den weiteren Kriegsjahren. Unzählige Verwundete konnten von ihnen gefunden und gerettet werden.

Der derart erfolgreiche Verein für Sanitätshunde entschloß sich im Hinblick auf die große Zahl von Armeeangehörigen, die in den ersten Jahren des Krieges ihr Augenlicht eingebüßt hatten, sogenannte Kriegsblindenhunde auszubilden. Sie sollten den erblindeten Soldaten als Führer dienen. Eigenartigerweise erwuchs gegen diese Ausbildung von Blindenhunden eine erstaunlich starke Opposition. Sogar manche Hundeexperten hielten damals die Verwendung von Hunden als Führer blinder Menschen nicht nur für unmöglich, sondern geradezu für gefährlich. Doch der Verein setzte sein Vorhaben durch, und mehrere Schulungszentren entstanden. Hier verwendete man fast ausschließlich Deutsche Schäferhunde.

Nach dem Ersten Weltkrieg förderte Professor von Uexküll in Hamburg die Ausbildung von Führhunden an seinem 1925 gegründeten Institut für Umweltforschung, das in der medizinischen Fakultät der Universität integriert war. Neue Ausbildungsmethoden entstanden. Der deutsche Kynologe Walter Hantke entwickelte diese später weiter. Zur selben Zeit übernahm die Amerikanerin Dorothy Eustis, die in der Schweiz eine Zuchtstätte für Deutsche Schäferhunde betrieb, jene in Deutschland in Pionierarbeit entstandene Ausbildungsweise.

Von hier aus wurden erste Führhunde nach den USA und nach England gebracht. Auch die Ausbildungsmethode wurde in diesen Staaten übernommen, es entstanden die ersten Schulungszentren. In Österreich bestand bis zum Ende des Zweiten Weltkrieges die Blindenhundeschule Dietrichstein von Wien, wo Walter Hantke vorübergehend tätig war. Die erste schweizerische Schule wurde 1970 von Walter Rupp gegründet. Auch er fußte auf der Entwicklungsarbeit von Walter Hantke, die er in verschiedenen Punkten ergänzte. Er ist der Autor des ersten und bisher einzigen Buches, worin die Ausbildung von Führhunden umfaßend dargestellt wird. Und auch er bildete neben anderen Rassetypen Deutsche Schäferhunde aus.

In England und in den USA war man inzwischen zur Ausbildung von Labradors und Golden Retrievern übergegangen. Diese Jagdhunderassen boten den Vorteil, weniger Schutzverhalten in bezug auf die von ihnen geführten Personen an den Tag zu legen, was hier und dort zu Schwierigkeiten geführt hatte. Dies besonders bei unsicheren Sehbehinderten, die es nicht verstanden, trotz ihres mangelnden Sehvermögens der Chef ihres vierbeinigen Führers zu sein.

Ganz wurde aber auf die Ausbildung von Deutschen Schäferhunden nicht verzichtet, da deren Erscheinungsbild für die geführten Menschen einen wirksamen präventiven Schutz darstellte.

Bei der stetigen Zunahme krimineller Übergriffe in unserer Gesellschaft kommt dieser schützenden Wirkung zunehmende Bedeutung zu. Schon in den Fünfzigerjahren bildete deshalb die Schule von San Rafael in Californien zu zwei Dritteln Retriever und zu einem Drittel Deutsche Schäferhunde aus. In England wie in der Schweiz und in Deutschland steht unsere Rasse nach wie vor im Programm der Führhundeschulen.

Der Blindenhund bringt seinem sehbehinderten Besitzer das zurück, was er am schmerzlichsten vermißt: Seine verlorengegangene Selbständigkeit. Sobald das Führgespann eingespielt ist, kann er sich wieder ohne menschliche Hilfe überall hinbegeben. Der Hund verleiht ihm dazu die nötige Sicherheit und Orientierungshilfe. Darüber hinaus ist er ihm ein anschmiegsamer Begleiter auf Schritt und Tritt, ein Lebenspartner, der ihn nie allein läßt. Das Sozialverhalten des ehemaligen Rudeltieres und Hütehundes macht den Deutschen Schäferhund auch in dieser Beziehung zum in hohem Maße geeigneten Blindenführhund.

13. Gestalt und Charakter des Deutschen Schäferhundes

Es genügt nicht, daß ein Deutscher Schäferhund äußerlich schön wirkt, er muß auch charakterlich ein richtiger Schäfer, nämlich ein wesenssicherer und damit auch angenehm zu haltender Hund sein. Dies darf nicht vergessen werden, wenn von der Schönheit unserer Rasse die Rede ist.

Es ist die Aufgabe der Körkommission des Rasseklubs, dafür zu sorgen, daß dem Verhalten unseres Schäferhundes die nötige Beachtung geschenkt wird, wenn es um die Zulassung zur Zucht geht. In der Regel wird dafür das Bestehen einer Wesensprüfung vorausgesetzt. Damit ist auch dem Käufer eines Deutschen Schäferhundes gedient, da ein charakterlich sicherer und nicht schreckhafter Hund seinem Besitzer viel weniger Schwierigkeiten macht. Das reicht von der Stubenreinheit über das Verhalten bei Spaziergängen und im Verkehr bis zur Leistungsfähigkeit im Hundesport oder beim Einsatz als Gebrauchshund.

Bei der Beurteilung der Schönheit wird aber auch die Funktionstüchtigkeit des anatomischen Baus geprüft, ein weiterer Hinweis darauf, daß nicht allein auf die äußere Erscheinung, sondern auch auf die Robustheit und Belastbarkeit Wert gelegt wird. Der Sinn der Erfassung des Schönheitsgrades eines Deutschen Schäferhundes liegt somit darin, daß man einen Hund hoch einstuft, der Eleganz und Korrektheit der Form mit der Robustheit und Gesundheit von Körper und Wesensart vereint. Wenn unsere Züchter gemeinsam mit den verantwortlichen Funktionären dieses Leitbild eines aufgeweckten, gesunden und der äußeren Form nach überzeugenden Deutschen Schäferhundes anstreben, werden sie ihrer Aufgabe gerecht. Nutznießer ihrer Arbeit sind dann am Ende die einzelnen Besitzer eines Deutschen Schäferhundes.

Um uns immer wieder einen Überblick auf den Stand der Zucht zu verschaffen, sind Ausstellungen und Rasseschauen unerläßlich. Hier können Vergleiche angestellt und Erfahrungen ausgetauscht werden. Hier findet der Züchter stimulierende Anregungen für seine Weiterarbeit. Hinzu kommt der Eindruck, den die Ausstellungsbesucher von unserer Rasse gewinnen. Der einzelne Besitzer erweist somit seinem Züchter, aber auch der Rasse an sich einen Dienst, wenn er sich mit seinem Deutschen Schäferhund zu Ausstellungen und Zuchtschauen meldet.

Wie schön ist mein Schäferhund?

Ob nun gerade sein Hund einer der allerschönsten oder gar ein Champion ist, spielt für den echten Freund des Deutschen Schäferhundes eine geringe Rolle. Er wird stets den eigenen Hund für den besten und ihm liebsten halten. Will er jedoch erfahren, wie sein Liebling im Vergleich zu anderen Deutschen Schäferhunden eingestuft wird, hat er verschiedene Möglichkeiten. Wie schon erwähnt nimmt er am besten mit ihm an einer Schau oder Ausstellung teil. Im sogenannten Vorführring wird ihm der Richter erklären, wie er seinen Hund beurteilt. Der Besitzer wird überdies einen schriftlichen Bericht erhalten.

Wer von einem Ausstellungsbesuch absehen möchte, hat es schwerer. Natürlich kann er jemanden fragen, von dem ihm gesagt wird, daß er ein Kenner sei. Das ist aber kein besonders empfehlenswertes Vorgehen. Denn Kenner sind rar, aber begeisterte Amateure, die nicht sattelfest sind, hat es eine Menge. Auf ihre Beurteilung sollte man nicht abstellen. Ein besserer Weg, sich ein Bild von der Erscheinung seines Schäferhundes zu machen, ist das genaue Studium des Rasse-Standards. Das ist die vollständige Beschreibung der typischen Merkmale einer Hunderasse.

F.C.I.-Standard Nr. 166 für den

Deutschen Schäferhund

Ursprung: Deutschland
F.C.I.-Klassifikation:
Gruppe 1 – Hütehunde und Treibhunde
Sektion 1 – Schäferhunde mit Arbeitsprüfung

Verwendung: vielseitiger Gebrauchs-, Hüte- und Dienstgebrauchshund

Kurzer geschichtlicher Überblick:
Nach den amtlichen Festsetzungen des Vereins für Deutsche Schäferhunde (SV) e. V., Sitz Augsburg, im Verband für das Deutsche Hundewesen – VDH –, der als Gründerverein der Rasse für den Rassestandard des Deutschen Schäferhundes verantwortlich zeichnet, aufgestellt in der ersten Mitgliederversammlung zu Frankfurt/M. am 20. September 1899, nach den Vorschlägen von A. Meyer und von Stephanitz, nebst den Ergänzungen der VI. Mitgliederversammlung am 28. Juli 1901, der XXIII. Mitgliederversammlung zu Köln/Rh. am 17. September 1909, der Vorstands- und Beiratssitzung zu Wiesbaden am 5. September 1930 und Zuchtausschuß- und Vorstandssitzung am 25. März 1961, im Rahmen der Weltunion der Vereine für Deutsche Schäferhunde – WUSV –, überarbeitet und bei der WUSV-Tagung am 30. August 1976 beschlossen, überarbeitet und katalogisiert mit Ermächtigungsbeschluß durch den Vorstand und Beirat vom 23./24. März 1991.
Der Deutsche Schäferhund, mit dessen planmäßiger Züchtung im Jahre 1899 nach Gründung des Vereins begonnen wurde, ist aus den mitteldeutschen und süddeutschen Schlägen der

damals vorhanden gewesenen Hütehunde herausgezüchtet worden mit dem Endziel, einen zu hohen Leistungen veranlagten Gebrauchshund zu schaffen. Um dieses Ziel zu erreichen, wurde der Rassestandard des Deutschen Schäferhundes festgelegt, der sich sowohl auf die körperliche Beschaffenheit wie auch auf die Wesens- und Charaktereigenschaften bezieht.

Allgemeines Erscheinungsbild: Der Deutsche Schäferhund ist mittelgroß, leicht gestreckt, kräftig und gut bemuskelt, die Knochen trocken und das Gesamtgefüge fest.

Wichtige Maßverhältnisse: Die Widerristhöhe beträgt für Rüden 60 cm bis 65 cm, bei Hündinnen 55 cm bis 60 cm. Die Rumpflänge übertrifft das Maß der Widerristhöhe um etwa 10 bis 17%.

Wesen: Der Deutsche Schäferhund muß vom Wesensbild her ausgeglichen, nervenfest, selbstsicher, absolut unbefangen und (außerhalb einer Reizlage) völlig gutartig sein, dazu aufmerksam und führig. Er muß Mut, Kampftrieb und Härte besitzen, um als Begleit-, Wach-, Schutz-, Dienst- und Hütehund geeignet zu sein.

Kopf: Der Kopf ist keilförmig, der Körpergröße entsprechend (Länge etwa 40% der Widerristhöhe), ohne plump oder überstreckt zu sein, in der Gesamterscheinung trocken, zwischen den Ohren mäßig breit. Die Stirn ist von vorn und von der Seite gesehen nur wenig gewölbt und ohne oder mit nur schwach angedeuteter Mittelfurche.

Das Verhältnis von Oberkopf zu Gesichtsteil beträgt 50% zu 50%. Die Oberkopfbreite entspricht in etwa der Oberkopflänge. Der Oberkopf geht (von oben gesehen) von den Ohren zur Nasenkuppe sich gleichmäßig verjüngend mit schräg verlaufendem, nicht scharf ausgebildetem Stirnabsatz in den keilförmig verlaufenden Gesichtsteil (Fangteil) des Kopfes über. Ober- und Unterkiefer sind kräftig ausgebildet.

Der Nasenrücken gerade, eine Einsattelung oder Aufwölbung ist nicht erwünscht. Die Lippen sind straff, gut schließend und von dunkler Färbung.

Die Nase: muß schwarz sein.

Das Gebiß: muß kräftig, gesund und vollständig sein (42 Zähne gemäß der Zahnformel). Der Deutsche Schäferhund hat ein Scherengebiß, d.h. die Schneidezähne müssen scherenartig ineinandergreifen, wobei die Schneidezähne des Oberkiefers scherenartig die des Unterkiefers überschneiden. Auf-, Vor- und Rückbeißen ist fehlerhaft, ebenso größere Zwischenräume zwischen den Zähnen (lückenhafte Stellung). Fehlerhaft ist ebenso die gerade Zahnleiste der Schneidezähne. die Kieferknochen müssen kräftig entwickelt sein, damit die Zähne tief in die Zahnleiste eingebetten sein können.

Die Augen: sind mittelgroß, mandelförmig, etwas schrägliegend und nicht hervortretend. Die Farbe der Augen soll möglichst dunkel sein. Helle, stechende Augen sind nicht erwünscht, da sie den Ausdruck des Hundes beeinträchtigen.

Ohren: Der Deutsche Schäferhund hat Stehohren von mittlerer Größe, die aufrecht und gleichgerichtet getragen werden (nicht seitwärts eingezogen), sie sind spitz auslaufend und mit der Muschel nach vorn gestellt. Kippohren und Hängeohren sind fehlerhaft. In der Bewegung bzw. in Ruhestellung nach hinten angelegte getragene Ohren sind nicht fehlerhaft.

Hals: Der Hals soll kräftig, gut bemuskelt und ohne lose Kehlhaut (Wamme) sein. Die Zuwinkelung zum Rumpf (Horizontale) beträgt ca. 45%.

Körper: Die Oberlinie verläuft vom Halsansatz an über den gut ausgebildeten Widerrist und über den zur Horizontalen ganz leicht abfallenden Rücken bis zur leicht abfallenden Kruppe ohne sichtbare Unterbrechung. Der Rücken ist fest, kräftig und gut bemuskelt. Die Lende ist breit, kräftig ausgebildet und gut bemuskelt. Die Kruppe soll lang und leicht abfallend (ca. 23° zur Horizontalen) sein und ohne Unterbrechung der Oberlinie in den Rutenansatz übergehen.

Die Brust: soll mäßig breit sein, die Unterbrust möglichst lang und ausgeprägt. Die Brusttiefe soll etwa 45% bis 48% der Widerristhöhe betragen.

Die Rippen: sollen mäßige Wölbung aufweisen, tonnenförmige Brust ist ebenso fehlerhaft wie Flachrippigkeit.

Die Rute: reicht mindestens bis zum Sprunggelenk, jedoch nicht über die Mitte des Hintermittelfußes hinaus. Sie ist an der Unterseite etwas länger behaart und wird in sanft herabhängendem Bogen getragen, wobei sie in der Erregung und in der Bewegung stärker angehoben getragen wird, jedoch nicht über die Horizontale hinaus. Operative Korrekturen sind verboten.

Gliedmaßen

Vorhand:

Die Vordergliedmaßen sind von allen Seiten gesehen gerade, von vorn gesehen absolut parallel.

Schulterblatt und Oberarm sind von gleicher Länge und mittels kräftiger Bemuskelung fest am Rumpf angelagert. Die Winkelung von Schulterblatt und Oberarm beträgt im Idealfall 90°, im Regelfall bis 110 °.

Die Ellenbogen dürfen weder im Stand noch in der Bewegung ausgedreht werden und ebenso nicht eingedrückt sein. Die Unterarme sind von allen Seiten gesehen gerade und zueinander absolut parallel stehend, trocken und fest bemuskelt. Der Vordermittelfuß hat eine Länge von ca. 1/3 des Unterarmes und hat einen Winkel von ca. 20° bis 22° zu diesem. Sowohl ein zu schräg stehender Vordermittelfuß (mehr als 22°) als auch ein steil stehender Vordermittelfuß (weniger als 20°) beeinträchtigen die Gebrauchseignung, insbesondere die Ausdauerfähigkeit.

Die Pfoten: sind rundlich, gut geschlossen und gewölbt, die Sohlen hart, aber nicht spröde. Die Nägel sind kräftig und von dunkler Farbe.

Hinterhand:

Die Stellung der Hinterläufe ist leicht rückständig, wobei die Hintergliedmaßen von hinten gesehen parallel zueinander stehen. Oberschenkel und Unterschenkel sind von annähernd gleicher Länge und bilden einen Winkel von ca. 120°, die Keulen sind kräftig und gut bemuskelt.

Die Sprunggelenke sind kräftig ausgebildet und fest, der Hintermittelfuß steht senkrecht unter dem Sprunggelenk.

Die Pfoten: sind geschlossen, leicht gewölbt, die Ballen hart und von dunkler Farbe; die Nägel kräftig, gewölbt und ebenfalls von dunkler Farbe.

Gangwerk: Der Deutsche Schäferhund ist ein Traber. Die Gliedmaßen müssen in Länge und Winkelungen so aufeinander abgestimmt sein, daß er ohne wesentliche Veränderung der Rückenlinie die Hinterhand bis zum Rumpf hin verschieben und mit der Vorhand genausoweit ausgreifen kann.

Jede Neigung zur Überwinkelung der Hinterhand mindert die Festigkeit und die Ausdauer und damit die Gebrauchstüchtigkeit. Bei korrekten Gebäudeverhältnissen und Winkelungen ergibt sich ein raumgreifendes, flach über den Boden gehendes Gangwerk, das den Eindruck müheloser Vorwärtsbewegungen vermittelt. Bei einem nach vorn geschobenen Kopf und leicht angehobener Rute ergibt sich bei einem gleichmäßigen und ruhigen Trab eine von den Ohrenspitzen über den Nacken und Rücken bis zum Rutenende verlaufende weichgeschwungene und nicht unterbrochene Rückenlinie.

Haut: Die Haut ist (lose) anliegend, ohne jedoch Falten zu bilden.

Haarkleid

Beschaffenheit des Haares: Die korrekte Behaarung für den Deutschen Schäferhund ist das Stockhaar mit Unterwolle. Das Deckhaar soll möglichst dicht, gerade harsch und fest anliegend sein. Am Kopf einschließlich des Ohrinnern, an der Vorderseite der Läufe, an Pfoten und Zehen kurz, am Hals etwas länger und stärker behaart. An der Rückseite der Läufe verlängert sich das Haar bis zum Vorderfußwurzelgelenk bzw. bis zum Sprunggelenk, an der Rückseite der Keulen bildet es mäßige Hosen.

Farben: Schwarz mit rotbraunen, braunen, gelben bis hellgrauen Abzeichen. Schwarz und grau einfarbig, bei grau mit dunkler Wolkung, schwarzem Sattel und Maske. Unauffällige, kleine weiße Brustabzeichen sowie sehr helle Innenseiten sind zugelassen, aber nicht erwünscht. Die Nasenkuppe muß bei allen Farbschlägen schwarz sein. Fehlende Maske, helle bis stechende Augenfarbe sowie helle bis weißliche Abzeichen an Brust und Innenseiten, helle Krallen und rote Rutenspitze sind als Pigmentschwäche zu bewerten. Die Unterwolle zeigt einen leichten Grauton. Die Farbe weiß ist nicht zugelassen.

Größe/Gewicht

Rüden:	Widerristhöhe	60 cm bis 65 cm
	Gewicht	30 kg bis 40 kg
Hündinnen:	Widerristhöhe	55 cm bis 60 cm
	Gewicht	22 kg bis 32 kg

Hoden: Rüden sollten zwei offensichtlich normal entwickelte Hoden aufweisen, die sich vollständig im Skrotum befinden.

Fehler: Jede Abweichung von den vorgenannten Punkten sollte als Fehler angesehen werden, dessen Bewertung im genauen Verhältnis zum Grad der Abweichung stehen sollte.

Schwere Fehler: Abweichungen von den vorstehend beschriebenen Rassekennzeichen, die die Gebrauchsfähigkeit beeinträchtigen.

Ohrenfehler: Seitlich zu tief angesetzte Ohren, Kippohren, Schildspannerstellung der Ohren, nicht gefestigte Ohren.

Erhebliche Pigmentmängel.

Stark beeinträchtigte Gesamtfestigkeit.

Zahnfehler: Alle Abweichungen vom Scherengebiß und der Zahnformel, soweit es sich nicht um ausschließende Fehler (siehe folgendes) handelt.

Ausschließende Fehler:

a) Wesensschwache, bissige und nervenschwache Hunde.

b) Hunde mit nachgewiesener »schwerer HD«.

c) Monorchiden und Kryptorchiden sowie Hunde mit deutlich ungleichen bzw. verkümmerten Hoden.

d) Hunde mit entstellenden Ohren- bzw. Rutenfehlern.

e) Hunde mit Mißbildungen.

f) Hunde mit Zahnfehlern bei Fehlen von:

1 mal Prämolar 3 und ein weiterer Zahn, oder

1 Fangzahn, oder

1 Prämolar 4, oder

1 Molar 1 bzw. Molar 2, oder

insgesamt 3 Zähne und mehr.

g) Hunde mit Kiefermängeln: Rückbiß von 2 mm und mehr,

Vorbiß

Aufbeißen im gesamten Schneidezahnbereich.

h) Hunde mit Über- bzw. Untergröße von mehr als 1 cm.

i) Albinismus

j) Die Haarfarbe weiß (auch bei dunklen Augen und Nägeln).

k) Langstockhaar (langes, weiches, nicht fest anliegendes Deckhaar mit Unterwolle, Fahnen an Ohren und Läufen, buschige Hosen und buschige Rute mit Fahnenbildung nach unten).

l) Langhaar (langes, weiches Deckhaar ohne Unterwolle, meist auf der Rückenmitte gescheitelt, Fahnen an Ohren und Läufen und an der Rute).

Die Körperteile des Deutschen Schäferhundes

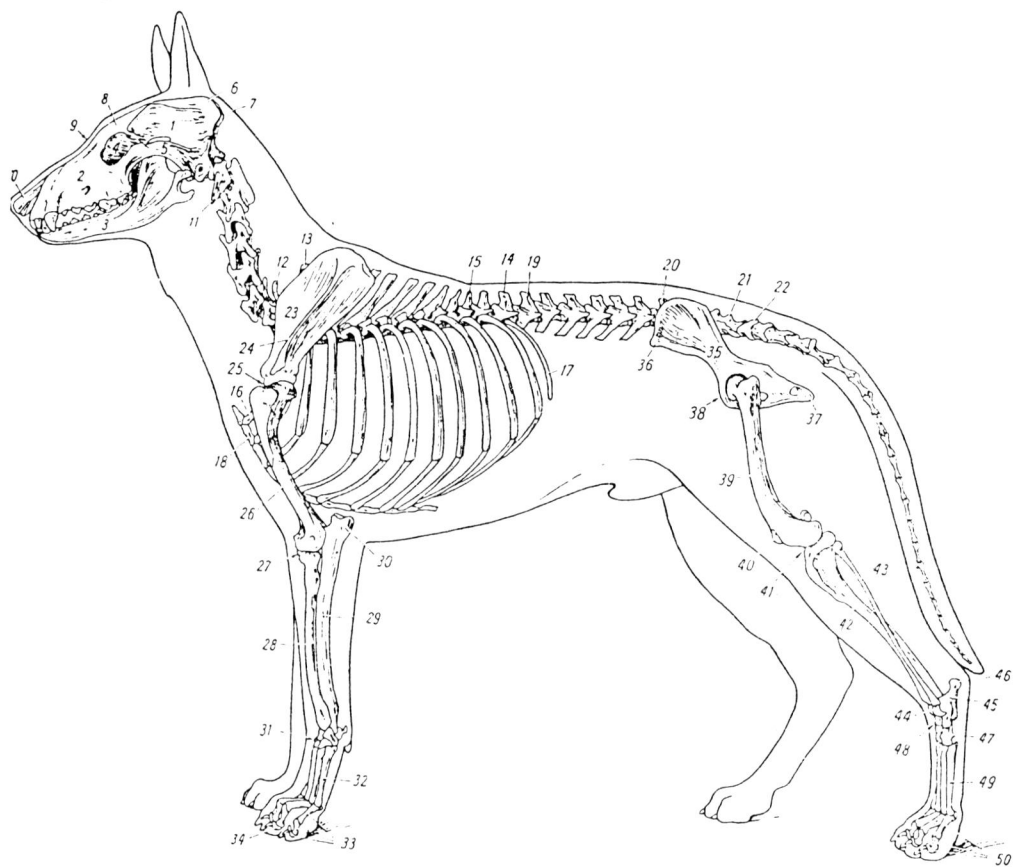

Kopfskelett:
1. Hirnschädel
2. Gesichtsschädel
3. Unterkiefer
4. Augengrube
5. Jochbogen
6. Scheitelleiste
7. Hinterhauptstachel
8. Stirnhöcker
9. Stirnabsatz (Stop)
10. Nasenknorpel

Rumpfskelett
11. Flügel des 1. Halswirbels
12. Dornfortsatz des
    7. Halswirbels
13. Dornfortsatz des

13. 1. Brustwirbels
14. 13. Brustwirbel
15. Diaphragmatischer oder
    Wechselwirbel
16. 1. Rippe
17. 13. Rippe
18. Brustbein
13.–18. Brustkorb
19. 1. Lendenwirbel
20. Dornfortsatz des
    7. Lendenwirbels
21. Kreuzbein
22. 1. Schwanzwirbel

Gliedmaßenskelett:
23. Schulterblatt

24. Schulterblattgräte
25. Schultergelenk
26. Oberarmbein
27. Ellenbogengelenk
28. Speiche
29. Elle
30. Ellenbogenhöcker
28.–30. Unterarmskelett
31. Skelett (7 Knochen) des
    Vorderfußwurzelgelenks
32. Vordermittelfußskelett
    (5 Knochen)
33. Zehenglieder der Vorder-
    pfote mit Zehengelenken
34. Krallenbein
35. Becken
36. Hüfthöcker
37. Sitzbeinhöcker

38. Hüftgelenk
39. Oberschenkelbein
40. Kniescheibe
41. Kniegelenk
42. Schienbein
43. Wadenbein
42. u. 43. Unterschenkelskelett
44. Rollbein
45. Fersenbein
46. Fersenbeinhöcker
47. Übrige fünf Knochen des
    Hinterfußwurzelskeletts
48. Hinterfußwurzel- oder
    Sprunggelenk
49. Hintermittelfußskelett
    (4 Knochen)
50. Zehenglieder der Hinter-
    pfoten mit Zehengelenken

Wesenssicherheit und Wesens-beurteilung

Zeigt ein Hund allgemein eine gewisse Sicherheit in seinem Verhalten, reagiert er nicht schreckhaft bei Lärmeffekten und optischen ungewohnten Erscheinungen – etwa gegenüber einem rasch vorbeifahrenden Auto –, verhält er sich zudem nicht scheu oder gar ängstlich gegenüber Menschen, Tieren aller Art und anderen Hunden, dann spricht man von einem wesenssicheren Hund. Mit einem Hund, dem diese Sicherheit weitgehend fehlt, einem sogenannt wesensschwachen Hund, ergeben sich vielerlei Probleme. Das fängt an mit seinem Verhalten im Straßenverkehr, wo er immer wieder sprunghaft auszuweichen versucht. Was das bei einem Deutschen Schäferhund von 30 bis 45 kg Gewicht für seinen Besitzer und dessen Familie bedeutet, läßt sich leicht vorstellen. Es geht weiter mit einer mangelnden Belastbarkeit, wenn etwas Bestimmtes vom wesensschwachen Hund verlangt wird, indem er auszuweichen versucht oder gar blockiert. Eine Ausbildung wird dadurch erheblich erschwert. Und es kann damit enden, daß sich aus der Unsicherheit gegenüber Fremdpersonen, auch Kindern, ein aggressives Verhalten ergibt, das zu Unfällen führen kann. Angstbeißer sind immer wesensschwache Hunde.

Das Spiel mit anderen Hunden, aber auch mit den verschiedensten Objekten, verleiht dem Junghund mit der Zeit große Sicherheit.

Nur der wesenssichere Hund erreicht den Grad äußerster Vertrautheit mit dem Menschen, wie er hier bei diesem Militärhund und seinem Führer zum Ausdruck kommt.

Nur ein wesenssicheres Tier schreckt vor einer solchen Brandung nicht zurück.

So läßt sich ein wesensfester Hund transportieren.

Man sieht, einen wesensschwachen Hund zu halten ist wahrlich kein Vergnügen. Aber auch das Tier selbst kann sich seines Daseins wenig freuen, oft scheint ein solcher Hund geradezu zu leiden.

Die häufigste Ursache der Wesensschwäche liegt nicht im von den Eltern ererbten Wesensanteil, sondern in einer mangelnden Förderung der Welpen während der Prägungsphase, also von der vierten bis zur zwölften Lebenswoche, wie wir dies in Kapitel drei beschrieben haben. Umso mehr sollte man darauf achten, daß man seinen Welpen bei einem Züchter kauft, der sich seiner Verantwortung bei der Aufzucht bewußt ist.

Als erste mit der Wesensbeurteilung befaßt hat sich zu Anfang der Dreißigerjahre das deutsche Doktoren-Ehepaar Rudolf und Rudolfine Menzel. Auf ihre grundlegenden Schriften geht die heutige Form der Wesensprüfung zurück. Einige Landesverbände unserer Rasse haben sich eingehend damit befaßt, Grundlagen für die Wesensprüfung des Deutschen Schäferhundes geschaffen und Wesensrichter ausgebildet.

Die Wesensbeurteilung des Hundes ist keine einfache Aufgabe. Kann sich der Schönheitsrichter noch weitgehend an der äußeren Erscheinung eines Hundes orientieren, so fällt das für den Wesensrichter praktisch dahin. Er muß innere Merkmale erkennen, die sich in der Verhaltensweise äußern. Die Wesensprüfung endet nicht mit einer Rangordnung der beurteilten Hunde. Ihr Ziel und ihr Zweck liegen darin, daß wesensschwache Tiere – ob Hündin oder Rüde – von der ordentlichen Zucht ausgeschlossen bleiben. Daß diese Absicht vernünftig ist, bezweifelt niemand. Daß es manchmal zu Grenzfällen kommt, wo man sich so oder anders entscheiden könnte, ist auch nicht zu bestreiten. Aber es wäre sicher verfehlt, auf die Wesensprüfung als Voraussetzung für die Zulassung zur Zucht zu verzichten. Dies kann sich heute kein Rasseklub mehr leisten, der in seinen züchterischen Bemühungen ernstgenommen werden will.

Auch jenen Besitzern eines Deutschen Schäferhundes, die nicht züchten wollen, ist das Absolvieren einer Wesensprüfung zu empfehlen. Sie wissen danach mehr über ihren Hund. Wer sich dafür interessiert, erfährt bei seinem Rasseklub, wann und wo die nächste Prüfung stattfindet.

14. Herkunft und Reinzucht des Deutschen Schäferhundes

Von den Schäferhunden zum Deutschen Schäferhund

Unter dem Begriff »Schäferhund« ist eine bis in unsere Vorgeschichte zurückreichende »Berufsgruppe« von Hunden zu verstehen, die als Helfer der Schafe hütenden Menschen tätig waren. Dabei hatten sie auch die Herden vor Räubern in menschlicher oder tierischer Gestalt zu schützen.

Die Verbreitung dieser Hundegruppe richtete sich nach dem Vorkommen der Schafherden, und dieses erstreckte sich von den Schafzuchtgebieten Rußlands über die Balkanländer, die Niederlande, Belgien, England, Frankreich, Italien und Spanien sowie alle südlichen Mittelmeerländer und ihre Inseln. Allein die klimatischen Unterschiede in diesem weiträumigen Gebiet bewirkten, daß es sehr unterschiedliche Formen von Schäferhunden gab. Hinzu kamen jedoch noch andere Umwelteinflüsse, welche diese Hundeschläge formten. So die Art ihrer dienstlichen Verwendung, aber auch das Verhalten der zu betreuenden Schafarten. Mitentscheidend für die Ausformung der örtlichen Schläge war natürlich auch der Mensch, der die einen oder anderen Typen und Verhaltensweisen jener Hunde bevorzugte. So kam es zu erheblichen Unterschieden nach Größe, Masse, Behaarung, Farbe sowie Ohren- und Rutenhaltung. Worin sich aber alle diese Schäferhunde glichen, war die Grundform ihrer Skelette, insbesondere der Schädel, und die berufliche Aufgabe, die sie unter verschiedensten Bedingungen zu erfüllen hatten.

Auch in Deutschland gab es eine Anzahl sich deutlich unterscheidender Schäferhund-Schläge. Die Zunahme der Bevölkerungsdichte und der Bewirtschaftung der Bodenfläche stellte hier nun immer höhere Anforderungen an den Hütedienst. Denn die Fruchtfelder mußten von den Herden freigehalten werden, und das konnte nur unter Anwendung immer beweglicherer und führiger Hunde erreicht werden. Das Zusammenwirken von Mensch und Hund mußte enger und genauer sein, je mehr die Aufgabe des Schafehütens und Schafetreibens Präzision verlangte. Aus diesen eng in Kontakt zu ihren menschlichen Führern stehenden und arbeitsgewohnten Hunden, die sich gebietsweise ihrer äußeren Erscheinung nach noch deutlich unterschieden, wurde jetzt in einer einzigartigen züchterischen Leistung der Hund herausgezüchtet, den wir den Deutschen Schäferhund nennen. Es geschah dies – wie wir noch sehen werden – unter Anregung und Leitung eines hervorragenden Mannes und einiger weniger begeisterter Mitarbeiter. Die gezielten Vorarbeiten dazu dürften zu Beginn der Achtzigerjahre des 19. Jahrhunderts in Gang gekommen sein. Bis zu dieser Zeit waren die regionalen Schläge der Schäferhunde in Deutschland noch nicht von an der Reinzucht interessierten Kynologen entdeckt worden. Man hielt diese Bauernhunde nicht für würdig, eine hochgezüchtete Rasse zu bilden. Es gab damals auch nur wenige Rassen, die reingezüchtet im heutigen Sinn waren. Sie umfaßten vorwiegend Jagdhunde. In England war man früher und vermehrt zu Reinzuchten gelangt. Wogegen in Deutschland in Verkennung der eigenen Möglichkeiten ausländische Rassehunde eingeführt wurden. So wurde dort zum Beispiel der Airedale Terrier für geeignet als Sport- und Diensthund erachtet. Das war er auch. Seine Leistungen als Melde- und Sanitätshund trugen ihm zu Anfang des Ersten Weltkrieges den Namen »Kriegshund« ein. Doch damals hatte der Aufstieg des Deutschen Schäferhundes bereits begonnen.

Ein Hauptmann der Kavallerie wendet sich den Hunden zu

Es wäre eine Unterlassungssünde, würde man in einem Buch über den Deutschen Schäferhund die Pionierarbeit des Rittmeisters von Stephanitz nicht würdigen. Er war als Theoretiker wie als Praktiker und Organisator für die Reinzucht der Rasse und deren unerwartet rasche und große Verbreitung die treibende Kraft.

Geboren 1863, trat er nach dem Abschluß des Gymnasiums mit zwanzig Jahren in die Berufsarmee ein, zuerst bei einem Husarenregiment, später als Rittmeister (Berufsoffizier im Hauptmannsgrad) bei den Kürassieren. Während den letzten Jahren seiner Dienstzeit war er im Stab des Militär-Veterinärwesens tätig. 1898 verließ er – angeblich aus gesund-

heitlichen Gründen – die Armee. Doch die Vermutung liegt nahe, daß er sich nun ganz der Kynologie zuwenden wollte, die er leidenschaftlich und mit wissenschaftlicher Exaktheit betrieb. Zu diesem Zweck scheint er auch ein Jahr vor seinem Abschied ein Gut bei Grafrath in Oberbayern erworben zu haben, einen sogenannten Einödhof unterm Hochwald. Hier widmete er sich in der Praxis seinen schon in Berlin gehaltenen Schäferhunden, worunter sich der Stammrüde Horand von Grafrath befand. Als Theoretiker beschäftigte er sich mit seinem 1901 in erster Auflage erschienenen Buch »Der deutsche Schäferhund in Wort und Bild«. Dies bedingte umfangreiche Recherchen über die vorhandenen Bestände von Schäferhunden. Die damit gewonnene Übersicht ließ ihn für das Eintragen von noch nicht erfaßten, aber dem angestrebten Zuchtziel in hohem Maße entsprechenden und besonders leistungsfähigen Schäferhunden eintreten. Sein Argument: »Die Schäferhundzucht als Gebrauchshundzucht darf sich den Weg zum Urquell ihrer Rasse, zum Herdenhund, nicht abschneiden.« Im Hinblick auf die damals noch verhältnismäßig schmale Zuchtbasis war dies sicherlich eine weitsichtige und sinnvolle Haltung. Als Organisator bewirkte er die am 22. April 1899 erfolgte Gründung des Vereins für Deutsche Schäferhunde. Sein enger Mitarbeiter war A. Meyer aus Stuttgart, von dem nur wenig bekannt ist, und der kurz nach der Gründung starb. Stephanitz hatte bis 1935 den Vorsitz im SV inne. Dieses Amt führte den Schäferhund-Spezialisten durch ganz Deutschland, Österreich, die Tschechoslowakei, die Schweiz, Frankreich, Dänemark, England und die Vereinigten Staaten. Überall warb er für den sich zunehmender Beliebtheit erfreuenden Deutschen Schäferhund. Gleichzeitig orientierte er sich dabei über die in jenen Ländern bestehenden Schäferhundarten.

Beim Ausbruch des Ersten Weltkriegs trat Stephanitz erneut der Armee bei, wo er als Logistiker beim Transportwesen (Feldeisenbahn) und in der Landwirtschaft tätig war. Als solcher wurde er auch vom Kriegsministerium beigezogen, wo er sich mit der Bereitstellung und Verwendung sowie mit der Zucht von Heereshunden zu befassen hatte (Meldehunde und Sanitätshunde). Die dienstliche Aufgabe ließ ihn sehr genaue Kenntnisse über das Hundewesen in Deutschland gewinnen. Sie ließ ihn aber auch entsprechende Erfahrungen in Flandern, Ungarn, Polen, Serbien, Mazedonien, Bulgarien sowie in den Etappen der Westfront machen. All das ermöglichte ihm eine erhebliche Bereicherung seines Buches, dessen Neuauflage er schon kurz vor Kriegsausbruch in Angriff genommen hatte. Im Jahre 1921 ist es dann erschienen, und 1922 war es bereits vergriffen. Eine Neubearbeitung erfuhr es zur achten Auflage, die 1932 erschien. Es wurde in mehrere Fremdsprachen übersetzt, so ins Englische, Japanische, Dänische und Spanische.

Auf den 1200 Seiten dieses wohl umfangreichsten Werkes über eine Hunderasse, aber auch über die Kynologie seiner Zeit, wird deutlich, über welche außerordentliche Geistesbildung der Autor verfügte, und mit welcher Genauigkeit er fachkundliche Untersuchungen vornahm und darüber als gewandter Schriftsteller zu berichten wußte. Bei alledem fällt immer wieder seine enge Beziehung zu den praktischen Vorgängen der Zucht und der Ausbildung auf, die zu der Fundiertheit seines Wissens beitrug. Man sieht sich einem bewundernswerten Lebenswerk gegenüber, das dem Deutschen Schäferhund gewidmet war.

Der Verein für Deutsche Schäferhunde SV

Mit welcher Kraft, Umsicht und Entschlossenheit die Vereinsleitung dem Deutschen Schäferhund zur Verbreitung und Anerkennung verhalf, geht aus den Aktivitäten und Vorstößen der ersten Jahre hervor. Gegründet 1899, fand 1901 als erste Veranstaltung ein Preishüten in Zusammenarbeit mit der Deutschen Landwirtschafts-Gesellschaft statt. Im gleichen Jahr wurde den Ministerien des Inneren aller Bundesländer sowie den Polizeiverwaltungen der größeren Städte eine Eingabe zugestellt, die zu Versuchen mit Schäferhunden im Sicherheits- und Ermittlungsdienst anregte. 1902 erschien im Verlag des SV eine Broschüre über die Verwendung und Ausbildung von Polizeihunden. Und schon 1903 wurden die ersten Leistungsprüfungen abgehalten. Alle diese Unternehmungen und Vorstöße machten es möglich, daß 1905 aufgrund des Vorschlages und des Konzeptes des SV die staatliche Zucht- und Abrichteanstalt Grünheide bei Berlin in Betrieb genommen werden konnte.

Während des Krieges organisierte der SV mit jenen Mitgliedern, die nicht mehr felddiensttauglich waren, eine Anzahl von Meldestellen, die offiziellen Status erhielten. Durch sie wurden dem Heer über 20 000 Schäferhunde kostenlos zugeführt. 1923 wurde der SV vom Reichsarbeitsministerium mit der Ausbildung von Kriegsblindenführhunden beauftragt.

Der Verlag des SV gab ab 1902 als offizielles Organ eine monatlich erscheinende Vereinszeitung heraus.

Die heutigen Aufgaben der Vereine für Schäferhunde im deutschen Sprachraum

In Deutschland zählt der SV heute über 100 000 Mitglieder, die sich in mehr als 2000 Ortsgruppen hundesportlich oder züchterisch betätigen. In Österreich gibt es 130 Ortsgruppen mit insgesamt 7000 Mitgliedern. Der Schweizerische Schäferhund-Club (SC) hat 75 Ortsgruppen mit über 6000 Mitgliedern.

Die Hauptgeschäftsstelle des SV in Deutschland bewältigt in Augsburg mit mehr als 50 Angestellten die anfallenden Aufgaben. So werden im Zuchtbuch jährlich an die 30 000 Welpen eingetragen und mit Ahnentafeln versehen. Die zur Zucht angemeldeten Hündinnen und Rüden werden an sogenannten Körungen auf ihre Zuchttauglichkeit geprüft, wobei kontrolliert wird, ob sie gesund sind und der äußeren Erscheinung nach den Anforderungen des Rasse-Standards entsprechen. Aber auch ihre wesensmäßige Verfassung wird einem Test unterworfen. Unsichere sowie unerwünscht aggressive Tiere werden ausgeschieden. All das erfordert jährlich die Auswertung von etwa 20 000 Bewertungsergebnissen. Hinzu kommt das Überprüfen der Leistungsblätter von mehr als 10 000 hundesportlichen Prüfungen. Zucht und Sportbetrieb verlangen außerdem die Ausbildung und Weiterbildung der erforderlichen Leistungs- und Körrichter in speziellen Kursen.

Damit sind nicht alle Aufgaben erwähnt, welche die Hauptgeschäftsstelle des SV zu lösen hat. In geringerem Maße haben sich entsprechend den kleineren Mitgliederzahlen auch der SVÖ in Österreich und der SV in der Schweiz derselben Aufgaben zu entledigen. Im ganzen deutschen Sprachraum führen die Ortsgruppen Leistungsprüfungen und Schauen durch. Und hier beschäftigt man sich auch regional mit der Öffentlichkeitsarbeit, indem Kontakte zu den Behörden gesucht und gefunden werden. Dazu gehört auch die Information an die Medien und das Abhalten von öffentlichen Kursen für die Hundehalter eines Gebietes, die sogenannten Erziehungskurse. Große Beachtung wird natürlich der Betreuung und Ausbildung der Mitglieder der Ortsgruppen geschenkt. Denn so gut wie diese mit ihrem Schäferhund zurechtkommen, so positiv ist auch dessen Ruf. Wie wichtig dies bei der heutigen Bevölkerungsdichte ist, liegt auf der Hand.

Anhang

Die Adressen der Landesverbände im deutschen Sprachraum

Verein für Deutsche Schäferhunde (SV) e.V.

Hauptgeschäftsstelle
Steinerne Furt 71+71a, **86167 Augsburg**
Telefon (08 21) 7 40 02 - 0

Schäferhundeverein Österreich (SVO)

SVO-Verwaltung: A-5071 Wals, Telefon 0043-662/850460
Präsident zur Zeit: Dr. Wolfgang Tauber
                     Linzerstraße 342
                     A-1140 Wien

Schweizerischer Schäferhunde-Club

Präsident zur Zeit: Bruno Jäggi
                     Buchweg 12
                     4600 Olten
                     Telefon P: 062/26 18 84; G: 062/34 81 81

Dieses Buch ist vor allem dem Deutschen Schäferhund als Familienhund und seinen Besitzern gewidmet. Zuhause und unterwegs ist unser Schäferhund ein zuverlässiger Begleiter.

Organe der Landesverbände

Hier finden sich stets die aktuellen Anschriften der Vereinsvorstände.

Unser Rassehund
Organ des Verbandes des Deutschen Hundewesens VDH
Westfalendamm 174
D-44141 Dortmund

UH – Unsere Hunde
Organ des Österreichischen Kynologenverbandes
Johann-Teufel-Gasse 8
A-1238 Wien

Hunde – Haltung, Zucht, Sport
Organ der Schweizerischen Kynologischen Gesellschaft SKG
Länggass-Strasse 8
CH-3012 Bern

Literatur-Nachweis

Dorit Feddersen-Petersen   *Hundespychologie*
Franckh'sche Verlagsbuchhandlung Stuttgart,
zweite Auflage 1987

Urs Ochsenbein   *Der neue Weg der Hundeausbildung*
Vom gehorsamen Begleiter bis zum Dienst- und Rettungshund
Müller Rüschlikon Verlags AG, fünfte Auflage 1993

Urs Ochsenbein   *ABC für Hundebesitzer*
und solche, die es werden wollen
Müller Rüschlikon Verlags AG, dritte Auflage 1993

Heinz Weidt   *Der Hund, mit dem wir leben*
Verhalten und Wesen
Paul Parey-Verlag Berlin, zweite Auflage 1992

Zum Bildmaterial

Fast ausschließlich stammen die Bilder aus dem Archiv des Autors, oder sie wurden von ihm für dieses Buch aufgenommen.

Die grafische Darstellung zur Anatomie des Deutschen Schäferhundes wurde freundlicherweise vom Verein für Deutsche Schäferhunde, Hauptgeschäftsstelle Augsburg, zur Verfügung gestellt. Besten Dank!

An der Herstellung des Bildmaterials waren beteiligt:

– Die Züchter: Werner Keller (Zwinger von der Bruggmühle), Ivano Laghetto (Zwinger von Ila), E. und E. Locher (Zwinger vom Wandergut).

– Die Hundeführer/innen: Arthur Bernhard, Barbara Imber, Ria Meier-van Roij, Andreas Widmer (Arbeitskreis Schutzdienst).

Ihnen allen dankt der Autor herzlich für Ihre Bereitschaft zur Mithilfe.